GRUBEN GOLD

MYTHOS RUHRGEBIET

Delia Bösch

KLARTEXT

INHALT

Anhang

EINLEITUNG

Das Schwarze aus der Tiefe steht für das Ruhrgebiet schlechthin: Ohne die Kohle hätte es den Ruhrpott nie gegeben. Die Geschichte von den schwarzen Diamanten ist die große Story, die das Ruhrgebiet zu erzählen hat.

Es sind Geschichten von oben und unten, von Himmel und Hölle; von schwarz-weiß und Farbe, hell und dunkel, Licht und Schatten, hoch und runter. Geschichten von Erfindungen und technischem Fortschritt, von dem neuen Industriezeitalter und dem Takt der Maschinen; von Einwanderern und Versprechen vom Geldverdienen, von Männlichkeit, harter Maloche und ehrlicher Arbeit. Geschichten von Macht und materiellem Reichtum, von Aufstieg und Fall, Größenwahn und Minderwertigkeitskomplex; von Stillstand und Schockstarre, vom Auslaufmodell, Gesundschrumpfen und dem Wunsch nach einem finalen Masterplan; vom »Endlich so wie überall« und dem Gefühl, etwas ganz Besonderes zu sein; von abgrundtiefem Hass und Liebe auf den zweiten Blick, von Proletariat und Provinz und einem Zaubertrank namens Kunst und Kultur. Im Ruhrgebiet gibt's was zu erleben.

Und in diesem Buch auch.

A40
BOULEVARD OF BROKEN DREAMS

Die A40 ist der Heimat-Highway des Reviers. Eine Asphaltspur mitten durch das Städteknäuel namens Ruhrgebiet und streng genommen die einzige Hauptstraße der Region. Keine Prachtstraße von Welt, sondern ungeliebte Ein- und Ausflugschneise für mehr als 120.000 Pendler pro Tag. Jede Fahrt ist wie Roulette: Neues Spiel, neues Glück. Entweder man steht oder man schleicht, weshalb die Autobahn ironisch »Ruhrschleichweg« genannt wird. Offiziell aber heißt sie »Ruhrschnellweg«. Genau genommen auch nur die 55 Kilometer und dutzende Ausfahrten lange Piste der A40 zwischen Duisburg, Mülheim, Essen, Bochum und Dortmund-West. Die Hauptschlagader des Reviers ist chronisch infarktgefährdet, ihre Aussicht auf Genesung relativ gering. Zurzeit liegt sie auf dem OP-Tisch und bekommt einen sechsspurigen Bypass. Apropos Aussicht: Wer glaubt, die A40 eigne sich für ein Roadmovie, wird enttäuscht. Kein Fördergerüst, kaum Schlote – nichts, woran das Auge hängen bleibt. Nur Lärmschutzwände aus den vergangenen Jahrzehnten, die gibt's reichlich. Irgendwie ist die A40 wie das Ruhrgebiet selbst: Man darf niemals aufhören zu träumen. Dass das Leben hinter der nächsten Ausfahrt erst richtig anfängt – diese Hoffnung stirbt zuletzt. Tipp: Abfahren!

A

A40

Ihr wahres Alter sieht man der A40 nicht an. Und wer es kennt, sucht vergebens nach Spuren. Aber kein Meilenstein, kein Pflasterrest erinnert daran, dass man hier eine bedeutende Staatsstraße befährt, die es fast mit der Via Appia des Römischen Reiches aufnehmen könnte. Denn die A40 zwischen Duisburg und Dortmund ist deutlich älter als das Ruhrgebiet selbst. Generationen von Forschern haben sich mit ihrer Geschichte beschäftigt. Schließlich gehört sie zur ältesten und längsten Ost-West-Verbindung Europas: einer über 2000 Jahre alten und 4000 Kilometer langen europäischen Transitstraße, die vom heutigen Belgien über die Niederlande, Deutschland, Polen und das Baltikum bis nach Nowgorod in Russland führt. Abschnittsweise ist sie bekannt als Römerstraße der Legionäre, als mittelalterlicher Hellweg, als Hansestraße, als preußische Staatsstraße, als Reichs- und eben auch Bundesstraße B1, später A40.

Die jüngste Geschichte hat ihre Fahrspuren noch vertieft. Denn seit der Öffnung des Eisernen Vorhangs ist die A40 stärker befahren als je zuvor. Mit 140.000 Fahrzeugen pro Tag zählt die Revierpiste zu den meist befahrenen Strecken ganz Deutschlands. Prognose: steigend. Anfang der 1990er Jahre machten verschiedene Vorschläge die Runde, um des vorhersehbaren Verkehrskollapses Herr zu werden, darunter auch eine Komplett-Untertunnelung. Geblieben ist der sechsspurige Ausbau zwischen Gelsenkirchen-Süd und Bochum-Stahlhausen bis Ende 2010.

AUFPASSEN
A 430, A40, B1, Hellweg, Ruhrschnellweg: allesamt wechselnde Bezeichnungen für ein und die gleiche Straße.

In den Goldenen Zwanzigern galt die Strecke noch als Visitenkarte: 1927, auf dem Höhepunkt der Industrialisierung, hatte der Siedlungsverband Ruhrkohlenbezirk den Ausbau der alten Reichsstraße 1 zur »Verbandsstraße« von 6 auf 9 Meter Breite begonnen – das erste und bislang einzige gemeinsame Verkehrsprojekt der Ruhrgebietsstädte. Fachleute lobten die neue Straße als gelungenes Beispiel für kreuzungsfreien Verkehr.

Damals bestand der Straßenverkehr im »Ruhrkohlenbezirk« allerdings noch aus Pferdefuhrwerken. Und überhaupt konnte er längst nicht mit dem quirligen Individual- und Warenverkehr aufstrebender Metropolen wie Paris oder London mithalten. Denn der Hauptverkehr im Revier spielte sich damals nicht auf Straßen, sondern auf Schienen ab, und zwar unter der Erde: Grubenpferde zogen hunderttausende von Kohleloren in weit verzweigten und kilometerlangen Stollen zu den unzähligen Förderschächten. Übertage fuhren Güterzüge die Kohlen aus dem Pott.

Als die Ruhrgebietsstädte wuchsen und der Autoverkehr in den Wirtschaftswunderjahren zunahm, wurde die alte Trasse der heutigen A40 meist an die Stadtränder verlagert. Anders in der Ruhrstadt Essen, wo die Stadtväter die Vision der autogerechten Einkaufsstadt verfolgten: Sie verlegten die A40 unmittelbar an die Innenstadt, wo sie noch heute durch einen gerade mal einen Kilometer langen Tunnel führt. Nicht nur der städtische Friedhof, auch 160 Häuser

Josef Stoffels: Ruhrschnellweg mit Schachtanlage Carolinenglück, Bochum, 1950er Jahre

mussten bis 1970 für das bis dahin »größte Investierungsprojekt« in der Geschichte der Stadt weichen.

Der Ruhrschnellweg, der anfangs als Anschluss an die mobile Moderne gefeiert wurde, entpuppte sich rasch als städtebauliche Katastrophe. Konsequenz jenes brutalen Einschnittes, der viele Quartiere der Ruhrstädte in gerader Linie durchschnitt, ist der bis heute andauernde Verlust an Lebensqualität. Eine Fehlentscheidung, unter der die Bürger schwer leiden. Noch heute wird kritisiert, der Bau der A40 habe die Städtelandschaft in einen »armen« Norden und »reichen« Süden geteilt. Die direkten Anwohner sind Lärm, Dreck, Gestank und einem scheußlichen Anblick ausgesetzt.

Immer wieder gab es Anläufe, die A40 zu verschönern. Bereits die 1969 gegründete Gruppe »B1« mit zehn Künstlern aus dem Ruhrgebiet wollte aus dem Ruhrschnellweg einen »Boulevard der Kunst« machen. In dem Manifest »Rettet das Revier« formulierten sie ihre Idee, die damalige Bundesstraße 1 durch »starke Zeichen« künstlerisch zu gestalten und auf diese Weise die Fahrt auf der wohl bekanntesten Straße der Bundesrepublik interessanter zu machen.

BILDER FOLGESEITEN

S. 12–13 Marga Kingler: Eröffnung des Ruhrschnellweg-Tunnels, Essen, 25.9.1970

FREIGABE DES RUHRSCHNELLW

ESSEN

Still-Leben Ruhrschnellweg 40

MERKEN
»Still-Leben Ruhrschnellweg«: Totalsperrung für die Riesensause auf der Fahrbahn am Sonntag, 18. Juli 2010. ruhr2010.de

Der legendäre Leiter der Presse- und Öffentlichkeitsarbeit beim Siedlungsverband Ruhrkohlenbezirk, Dietrich Springorum, unterstützte die Aktion, denn sie passte zu seiner Idee für eine imagefördernde Ruhr-Expo. Künstler, Planer und Journalisten bereisten den Ruhrschnellweg, darunter der Bildhauer Günter Ücker und der Reporter Peter von Zahn. Phantasiert wurde viel, realisiert leider nichts, denn schnell war klar: Eine Schnellstraße ist eine Schnellstraße und kein Kunst-Boulevard.

Aktuell haben die Macher der Kulturhauptstadt Ruhr 2010 die A40 als »Objekt der Alltagskultur« in ihren Fokus genommen. Aus diesem Anlass gibt's am 18. Juli 2010 ein sonntägliches Riesenpicknick auf der Fahrbahn. Unter dem Motto »Still-Leben A40« wird die

Autobahn zwischen Duisburg und Dortmund für eine 60 Kilometer lange »Festmeile der Alltagskulturen« einen ganzen Tag lang dicht gemacht.

Nicht nur deshalb wird jedem Autofahrer dringend ein aktuelles Navigationsgerät oder mindestens ein Rhein-Ruhr-Atlas empfohlen. Wer nämlich ohne sich auszukennen von der A40 abfährt und in den unübersichtlichen Städtedschungel gerät, hat ein Problem.

Zwar sollen auch fünf neue Besucherzentren gelegentlich ratlose Ruhrgebietsbesucher durch die »Metropole Ruhr« lotsen, aber auch diese Stationen muss man erst einmal finden – einige liegen nämlich recht abgelegen in ehemaligen Zechen- oder Stahlwerksvororten.

Liebeserklärung an der A40: Die ehemalige Konzernzentrale der RAG war für die Bewerbung Essens zur Kulturhauptstadt 2010 mit einem Bild des Künstlers Otmar Alt verhüllt.

ARBEIT
GEHIRNSCHMALZ STATT MALOCHE

Studieren? Auf keinen Fall! Wenn es nach dem Willen von Kaiser Wilhelm II. gegangen wäre, hätte im Ruhrgebiet niemals eine Universität gegründet werden dürfen. Eine Garnison übrigens auch nicht. Arbeit, Arbeit und nochmals Arbeit war das Einzige, was zählte. Und Arbeit hieß in diesem Fall Maloche: Harte, körperliche Arbeit unter Tage und in den Eisen- und Stahlfabriken. Erst Mitte der 1960er Jahre investierte das Kohlengräberland in Bildung und baute in Bochum die erste Universität. Spät, aber immerhin, denn zu dieser Zeit war die Kohlekrise längst da – und mit ihr Tausende arbeitsloser Kumpel. Viele Arbeiterkinder nahmen im Ruhrgebiet ein Studium auf und stiegen in den 1960er und 1970er Jahren in die Mittelschicht auf. 2008, ein halbes Jahrhundert nach der ersten Zechenschließung, rauchten bei 33.000 Studenten an der Ruhr-Universität Bochum die Köpfe. 365 junge Menschen haben im Bottroper Bergwerk Prosper-Haniel einen Lehrvertrag für eine handwerkliche Ausbildung unterschrieben. Bildung, Bildung und nochmals Bildung ist das Einzige, was zählt. Arbeit, für die man dicke Oberarme brauchte, gibt es immer weniger.

A

ARBEIT

Ruhrgebiet – das war der Inbegriff für Arbeit. Schwere, körperliche Arbeit in Zechen, Stahlwerken und Zinkhütten. Drecksarbeit und Knochenmaloche, die nach Schweiß und Anstrengung roch. Harte Arbeit, für die man die Ärmel aufkrempeln und anpacken musste. Ehrliche Arbeit mit den eigenen Händen, für die es gutes Geld gab, oft ein Zechenhäuschen und eine vergleichsweise ordentliche Rente. Arbeit, die ganz allein Männersache war und gefahrvoll dazu. Wer so arbeiten konnte, war stolz darauf und schämte sich nicht, dass er nichts Besseres konnte: »Ein Junge aus dem Revier muss hart arbeiten und hart trinken können«, hieß es. Mit 14 ging es ab in den Pütt oder ins Werk, in dem schon Vater, Onkel und Großvater geschuftet hatten. Die »Eisenarbeiter« der ersten Generation waren noch gefragte Spezialisten – Puddler und Walzer, die einen Ruf als Künstler hatten. Doch ab 1870 brauchten die Unternehmen für ihre zunehmend mechanisierte Produktion ein Heer ungelernter Hilfsarbeiter. Viele Arbeitsanfänger hatten bereits nach wenigen Tagen die Nase voll von der Schufterei in quälend langen Schichten und im monotonen Takt der Maschinen. Trotzdem waren Montanindustrie und Steinkohlebergbau für den Strom der Arbeitssuchenden aus dem Osten allererste Wahl: Nirgendwo wurde um 1900 ungelernte Arbeit so gut bezahlt wie an der Ruhr.

Dabei waren die Folgen jener gefahrvollen Arbeit verheerend: Schwere und tödliche Unfälle, Unglücke und Katastrophen gehörten quasi zur Tagesordnung. Kaiser Wilhelm I. hatte 1881 die Einführung einer Versicherung für Arbeiter gegen »Betriebsunfälle« angemahnt, Reichskanzler Bismarck mit dem Unfallversicherungsgesetz drei Jahre später die Rechtsgrundlage für die Berufsgenossenschaften geschaffen. Größte war 1887 die Knappschafts-Berufsgenossenschaft

links:
»Eine für alle, alle für einen«: Einladung der Gewerkschaft zur Versammlung am 24. Mai 1889 im Schützenhofe zu Bochum

rechts:
Pflichtlektüre: »Erste Hilfe bei Unfällen im Bergbau«, herausgegeben vom Vorstand der Knappschafts-Berufsgenossenschaft in Berlin, 1927

Jede Nummer ein Kumpel: Kontrolle am Schlüsselbrett

mit 1.658 Mitgliedsbetrieben und 343.707 Versicherten, die bis heute als Bergbau-Berufsgenossenschaft mit Sitz in Bochum existiert. Auf ihre Initiative hin war 1890 in Bochum das Bergmannsheil als erstes Unfallkrankenhaus der Welt eröffnet worden.

Allgegenwärtig waren die Aufrufe zum Unfallselbstschutz. Ab 1927 erschien im Verlag der Westfälischen Berggewerkschaftskasse »Der Bergmannsfreund«, ein fast 400 Seiten starker und üppig illustrierter »Ratgeber zur Bekämpfung der Unfallgefahren im Steinkohlenbergbau«. Davon gab es reichlich: in Hauptschächten, Blindschächten und Bremsbergen, bei der Förderung, durch Stein- und Kohlenfall, Erstickung, Vergiftung und Explosion sowie durch Unfälle im Übertagebetrieb.

BILDER FOLGESEITEN

S. 20–21 Josef Stoffels: Bergmann im Streb, Zeche Carl Funke, Heisingen, Essen, 1950er Jahre

S. 22–23 Peter Kleu: Grubenunglück auf Zeche Dahlbusch am 20. Mai 1950 mit 78 Toten, Gelsenkirchen 1950

MERKEN
„750 Jahre Knappschaft"
Sonderausstellung zum großen Jubiläum im Deutschen Bergbau-Museum
Termin: Mitte 2010.

Die Zustände unter Tage hat der Bochumer Arbeiterdichter Heinrich Kämpchen (1847–1912) wortgewaltig beschrieben. Von seinem 16. Lebensjahr an selbst Bergmann, engagierte sich der Sozialdemokrat und Gewerkschafter für eine Verbesserung der Arbeitsbedingungen und war treibende Kraft des großen Bergarbeiterstreiks im Mai 1889. Kämpchen verlor seine Arbeit und stand fortan auf polizeilichen Überwachungslisten. In seinen Liedern und Gedichten, die regelmäßig auf den Titelseiten der Bochumer Bergarbeiterzeitung erschienen, klagte er als »Chronist der Arbeit« Ausbeutung und Verelendung der Bergarbeiter an.

Jener erste organisierte Massenstreik im Ruhrbergbau war Anstoß für die Gründung der Bergarbeitergewerkschaft. Der so genannte »Alte Verband« wurde am 18. August 1889 in Dortmund-Dorstfeld aus der Taufe gehoben. Er sollte sich um die »Wahrung und Förderung der bergmännischen Interessen in Rheinland und Westfalen« kümmern und sich – parteipolitisch und religiös unabhängig – aus-

WENN DER BERGMANN...

Wenn der Bergmann in die Grube fährt,
weiß er nicht, ob heil er wiederkehrt.

Ob die First dem Drucke widersteht,
ob der Pfeiler nicht zu Bruche geht,

ob das Wetter nicht Verderben braut,
ob das Tageslicht er wiederschaut.

Nicht umsonst hat man das Wort geprägt:
Dass er stets sein Totenhemde trägt.

Lauert doch dort unten tausendfach
jäher Tod auf ihn und Ungemach.

Wenn der Bergmann in die Grube fährt,
weiß er nicht, ob heil er wiederkehrt.

Heinrich Kämpchen

BILDER FOLGESEITEN
S. 25 Ruth Hallensleben: Berufsfeuerwehr und Berufsgrubenwehr der Rheinelbe Bergbau AG, Gelsenkirchen 1959
S. 26–27 Anton Tripp: Tor zum Opel-Werk, Bochum 1963

Rh E 3

OPEL
4

schließlich um das kümmern, was die Bergarbeiter betraf: Löhne, Arbeitsbedingungen, Rechtsschutz, finanzielle Unterstützung im Fall eines Streiks

Anfang 1960 gründete sich die Dortmunder Gruppe 61, um literarisch-künstlerisch auf Missstände der industriellen Arbeitswelt hinzuweisen. Zu dem Kreis gehörten Max von der Grün (1926–2005), der in seinem Roman »Irrlicht und Feuer« mit der drastischen Schilderung eines Unfalls für Aufsehen gesorgt hatte, und der junge Günter Wallraff.

Der Schriftsteller hatte ab 1963 in verschiedenen Großbetrieben als Arbeiter angeheuert, darunter als Reiniger auf der August-Thyssen-Hütte in Duisburg. Seine Erlebnisse zwischen Förderbändern, gigantischen Kesseln und rotierenden Kühlern, zwischen Dreck und tosendem Lärm hatte er in der Gewerkschaftszeitung Metall veröffentlicht und damit einen juristischen Eklat vom Zaun gebrochen. Mit den »Industriereportagen« wurde Wallraff bundesweit als Enthüllungsjournalist bekannt.

Trotz Bildungsoffensive und eines schon Jahrzehnte währenden Strukturwandels ist das Ruhrgebiet bis heute Synonym für den Verlust industrieller Arbeit geblieben. Neue industrielle Arbeit brachte zum Beispiel der Autokonzern, aber auch diese Ansiedlung aus den 1960er Jahren ist längst wieder Teil des Problems. Mit Mitteln aus Europäischen Strukturfonds wird in neuen Gründerzentren der Wandel zur Dienstleistungsgesellschaft in den so genannten Kompetenzfeldern Chemie, Logistik, Energie, Gesundheitswirtschaft und Informationstechnologien und seit kurzem auch die »Kreative Ökonomie« unterstützt.

Derweil bitten Journalisten auf denkmalgeschützten Zechenbrachen die letzten Kumpel zum Interview und funken die Mythen der alten Arbeit in die weite Welt. Auf Zollverein in Essen, der letzten von 22 Zechen dieser Stadt, wurde am 23.12.1986 die letzte Schicht gefahren. 16 Jahre später war die ehemalige Hochleistungszeche aus den 1920er Jahren Weltkulturerbe. »Was ist Zollverein?« wurde am Tag der offiziellen Feierlichkeiten gefragt. Die Antwort hieß »Postindustrielle Zukunft«. Ein leichter Weg ist auch das nicht.

ANSEHEN
Das Drama der Industrialisierung in fünf Akten und vieles mehr zum Ruhrgebiet im neuen Ruhr Museum:
Zollverein A 14
(Schacht XII, Kohlenwäsche)
Gelsenkirchener Str. 181
45309 Essen
Telefon 0201.8845200
ruhrmuseum.de
Öffnungszeiten
täglich 10 bis 19 Uhr

BILD FOLGESEITE
S. 29 Ludwig Windstosser: Oxygenstahlwerk, Duisburg, 1960er Jahre

BIER

»DATT BESTE AM WEIN IS DATT PILS DANACH«

Im Ruhrgebiet wird traditionell Bier getrunken. Und wenn in einer Stadt mit hoher Brauereien-, Trinkhallen- und Eckkneipendichte doch mal ein Weinfest eröffnet wird, dann wollen die offiziellen Worte wohl abgewägt sein. Berühmt wurden die von Oberbürgermeister Günter Samtlebe beim Dortmunder Weinfest: »Datt beste am Wein is datt Pils danach.« Prösterken! Schließlich war die Stadt noch in den 1970er Jahren »Europas Bierstadt Nr. 1«. Um 1900 deckten mehr als ein Dutzend große Brauereien den enormen Flüssigkeitsbedarf der »Feuerarbeiter« und festigten den Ruf als Bierhochburg. Bei der Gründung des heimischen Ballspielvereins BVB 09 soll gar die heimische Brauerei und nicht Preußen (lateinisch: Borussia) Pate gestanden haben, als man sich für den Namen Borussia entschied. Da war es nur logisch, dass Deutschlands größte Brauerei auch das erste Hochhaus der Stadt errichten ließ: 1927 nahm die Dortmunder Union-Brauerei ihr neues Gär- und Lagerhaus in Betrieb. Auf den berühmten Dreiklang des Industriezeitalters Kohle, Stahl, Bier kann man übrigens überall im Revier anstoßen: Allein in der Hightech-Arena »Auf Schalke« lagern unter dem heiligen Rasen Tanks für rund 16.000 Liter »flüssiges Gold« – genug für zwei stimmungsvolle Halbzeiten unter lauten Knappen.

B

BIER

Bereits im Mittelalter bescherte das Brauwesen der Reichs- und Hansestadt Dortmund Wohlstand und Ansehen. König Adolf von Nassau hatte ihr als einziger Stadt das Braurecht erteilt – ein Monopol, das den Dortmunder Brauern sichere Einkünfte garantierte. Schon 1477 brauten sie nach einer Rezeptur, die 1516 durch das noch heute gültige Deutsche Reinheitsgebot standardisiert wurde.

Das goldgelbe »Dortmunder Export« – bekannt auch als »Dortmunder Helles« oder »Dortmunder Bier« – gibt es allerdings erst seit 1887. Das Export-Bier, lange Zeit *das* Bier der Arbeiter, verdankt seine Existenz einem Zufall. Die Dortmunder Union-Brauerei hatte einen Fehlsud an einen Aachener Kunden geliefert, der dort reißenden Absatz fand – das Dortmunder Export war geboren. Die etwas stärker eingebraute Spezialität verkaufte sich glänzend und floss Ende des 19. Jahrhunderts als »Dortmunder Export« weltweit in ausgetrocknete Kehlen. Dank neuer, ausgefeilter Kühlsysteme konnte Bier nun das ganze Jahr hindurch in Massenproduktion hergestellt werden. Erst als sich in den 1970er Jahren das Pils durchsetzte, war diese Erfolgsgeschichte beendet. Und mit dem Ende von Kohle und Stahl im Ruhrgebiet war auch das Ende vieler Brauereien gekommen.

In Dortmund wird heute nur noch auf der Steigerstraße in der Nähe des Borsigplatzes gebraut, und zwar auf dem Gelände der ehemaligen Borussia-Brauerei, heute Sitz der Dortmunder Actien-Brauerei, kurz DAB. Aus dieser Brauerei kommen inzwischen all jene Biermarken, die einst ihre ganz eigene Tradition und auch einen unverwechselbaren Geschmack hatten: das Dortmunder Union Bier, das als protestantisches Bier galt, das Arbeiterbier Hansa, das katholische Thier, das Kronen-Bier, das man nur sonntags trank, und eben das DAB. Über die feinen Unterschiede jener goldenen Dortmunder Biergeschichte informiert heute ein Brauerei-Museum.

Nur eine einzige Dortmunder Biermarke wird heute nicht in der DAB-Brauerei gebraut. Bei dieser lobenswerten Ausnahme handelt es sich um das Dortmunder Bergmann-Bier – eine Marke, die schon fast in Vergessenheit geraten war. Lange vor der Industrialisierung im Jahr 1796 als Bergmann-Brauerei im Dortmunder Stadtteil Rahm gegründet, hatte der traditionsreiche Hersteller 1972 seine Fahnen streichen müssen. Zuvor war die Brauerei eine starke Marke geworden und 1966 auf dem Höhepunkt der Bierproduktion angekommen.

Dass diese historische Gerstensaft-Marke weiterlebt, ist einem Dortmunder Bierliebhaber zu verdanken. Per Zufall war der Mikrobiologe Thomas Raphael 2005 auf den Namen gestoßen, hatte die Markenrechte erworben und sich kurzerhand entschlossen, die Biermarke Bergmann zu reaktivieren. Das schöne Logo war tief in sein Gedächtnis gebrannt, denn 25 Jahre zuvor hatte er auf dem Flohmarkt einen gläsernen Bierkrug mit dem DBB-Logo erstanden. Seitdem stand der Seidel im Küchenschrank und wartete quasi auf den Einsatz. Inzwischen kann er tatsächlich wieder mit echtem

ANSEHEN
Brauerei-Museum und »Altes Sudhaus« der DAB:
Steigerstraße 16
44145 Dortmund
Tel.: 0231.8400200
brauereimuseum.dortmund.de
Öffnungszeiten: 11–16 Uhr
Öffentliche Führungen auf Anfrage.

MERKEN
Hausgebraute Biere und frisch aus dem Fass
Rüttenscheider Hausbrauerei
Girardetstr. 2
45131 Essen
Tel.: 0201.79 00 60
ruettenscheider-hausbrauerei.de
Öffnungszeiten: täglich ab 17 Uhr

Bergmann-Bier gefüllt werden: Gebraut wird heute das Bergmann-Export, das Bergmann-Spezialbier, Bergmann-Pils und das Bergmann-Schwarzbier; bis zur endgültigen Fertigstellung der eigenen Braustätte am Dortmunder Hafen noch in Hagen-Dahl bei der Vormann Brauerei. Erhältlich ist das Bergmann-Bier in verschiedenen Dortmunder Märkten, Kneipen und ganz sicher im Bergmann Kiosk: Seit 2008 ist die denkmalgeschützte Trinkhalle aus den 1950er Jahren wieder instand gesetzt, die seitdem genau wie das Bergmann-Bier aus dem Dornröschenschlaf erwacht ist – Bier braucht Heimat.
Auch eine andere Dortmunder Bier-Institution wird zu neuem Leben erweckt. Jahrelang rottete das traditionsreiche Hochhaus der Dortmunder Union-Brauerei vor sich hin, nun soll es mit öffentlichen Geldern ein Kulturzentrum werden und ab 2010 Hochschulinstitute, Einrichtungen der Medienkunst und den Bilderbestand des Museums am Ostwall aufnehmen. Das neun Meter hohe und neu vergoldete »Dortmunder U« auf dem Dach des denkmalgeschützten Stammsitzes der Union-Brauerei wird mit der hauseigenen Kneipe namens Auerbachs Keller selbstverständlich auch einen Bieranschluss bekommen.

MERKEN
Hier gibt's das Dortmunder Bergmann-Bier: Bergmann Kiosk
Hoher Wall 36
44137 Dortmund
Tel.: 0231.7002590
Öffnungszeiten:
Di bis Do 16 bis 21,
Fr 14 bis 22,
Sa 10 bis 22 Uhr.
Infos:
bergmann-brauerei.de

BILDER FOLGESEITEN
S. 34–35 Hier braut sich was Neues zusammen: Das ehemalige Brauereigebäude der Dortmunder Union
S. 36–37 Peter Kleu: Auf ein kleines Helles: Gaststätte im DGB-Haus, Essen 1954

Biertradition im Zeichen von Schlägel und Eisen: Dortmunder Bergmann-Bier

Viele andere Brauerei-Geschichten klingen irgendwie nach verlorener Heimat. Die Gebäude der Dortmunder Kronen-Brauerei sind bereits halb verfallen. Die Thier-Brauerei ist seit 15 Jahren ausgeräumt und geschlossen. In Gelsenkirchen hat von 1887 bis 1980 die Glückauf Brauerei produziert; die Produktionsgebäude wurden sämtlich abgerissen – heute wären sie wohl Mega-Kult.

1854 von einem Franken gegründet, hatte die Bochumer Schlegel-Brauerei 1918 mit der Scharpenseel-Brauerei fusioniert. Die Brauereigebäude wurden 1983 nach der erneuten Fusion mit der Dortmunder Union-Schultheiss-Brauerei abgerissen – allein das Malzsilo der Brauerei, der expressionistische »Schlegelturm« und das Verwaltungsgebäude blieben erhalten. Zwei Geschäftsleute haben sich ein Herz gefasst, 2002 die Markenrechte für Schlegel erworben und verkaufen das Bier seitdem in Bochumer Szenekneipen – darauf ein kleines Helles!

MERKEN

Erlebnis-Brauhaus im Einkaufszentrum CentrO. mit »Pilsken nache Schicht« Marke »Grubengold«, »Mulvany's«, »Ruhr Pott« oder »Ärwin's Weizen Gold«.
Brauhaus Zeche Jacobi
Promenade 30
46047 Oberhausen
Tel.: 0208.80 22 00
brauhaus-zeche-jacobi.de
Öffnungszeiten: täglich ab 10 Uhr

MERKEN
Dampf-, Salon- und Zwickelbier seit 1896
Dampfbierbrauerei »Dampfe«
Heinrich-Brauns-Straße 9–15
45355 Essen-Borbeck
Tel.: 0201.630070
dampfe.de
Öffnungszeiten: täglich ab 11 Uhr
Brauereibesichtigung nach Anmeldung.

Ruth Hallensleben: Schlegel-Bier, Bochum 1954

BLAUER HIMMEL
DAS VERSPRECHEN

»Der Himmel über der Ruhr muss wieder blau werden!« Dieser Satz ist Legende und steht heute in jedem Geschichtsbuch. Er stammt von dem SPD-Kanzlerkandidaten Willy Brandt, der 1961 bei einer Veranstaltung in Essen die Luftverschmutzung im Ruhrgebiet zum Wahlkampfthema gemacht hatte. Damals war der Kohlenpott noch das Revier der Zechen und qualmenden Schlote, der »Rauch an der Ruhr« ein geflügeltes Wort dafür, dass es wirtschaftlich aufwärts ging. Wäsche kam nur dann auf die Leine, wenn der Wind nicht von der Zeche kam. Und dem Ruß auf den Fensterbänken musste man jeden Tag aufs Neue mit dem Handfeger zu Leibe rücken. »Der Himmel ist weggewischt und die Sonne abgeschafft«, schrieb der Schriftsteller Horst Krüger 1969 nach einer Reise durch die Dreckschleuder der Nation. Zehn Jahre später brachte der erste Smogalarm die endgültige Wende: Fortan war Umweltschutz kein Fremdwort mehr und wurde Staatsziel. Doch aus dem Mund eines Kumpels klingt dies wie ein fataler Irrtum der Geschichte: Als der Rauch an der Ruhr endlich verschwunden und der Himmel wieder blau war, waren die Zechen geschlossen und viele Menschen arbeitslos.

B

BLAUER HIMMEL

Was das Wort »Luftverschmutzung« für die Gesundheit der Menschen bedeutete, die tagein, tagaus jene verpestete Luft im Ruhrgebiet einatmen mussten, kann sich heute kaum noch jemand vorstellen. In den 1960er Jahren litten schon Kinder unter Husten und Heiserkeit, Asthma und Pseudokrupp – den Menschen ging im wahrsten Sinne die Luft aus. 1962 waren im Revier 156 Menschen infolge Schadstoffüberfrachteter Luft gestorben.

Man schrieb den 17. Januar 1979, als im Ruhrgebiet die Schwefeldioxid-Konzentration den Grenzwert überschritten hatte: Erstmals wurde in der Geschichte der Bundesrepublik Smogalarm ausgelöst. Ein ätzender Nebel aus Rauch und Abgasen stand wie dicke Suppe in den Städten. Grund war eine mehrere Tage andauernde Inversionswetterlage, die wie eine Käseglocke verhinderte, dass die dicke Luft abziehen konnte. Ganze Stadtteile wurden für den Kraftfahrzeugverkehr gesperrt. Proteste von Anwohnern hatten die Debatte um ein Recht auf saubere Luft und die Kritik an der Industriepolitik angeheizt – mit Erfolg. Im Zuge dessen mussten sich die Unternehmen verpflichten, bessere Filteranlagen in die Fabrikschlote einzubauen. Aus der Not wurde im Übrigen eine Tugend: Inzwischen sind viele damalige Verursacher der Luftverschmutzung Experten in Sachen Umwelttechnologie und florierende Unternehmen der Ruhrwirtschaft.

Zu dem Klima-GAU von 1979 kam damals noch ein kommunikativer dazu. Denn das Wetterphänomen hatte sich ausgerechnet

Ruth Hallensleben: Gelsenkirchener Bergwerks AG, 1959

HEIMAT

Aus tausend Schloten steigt ein dicker Rauch.
Der wälzt sich langsam durch die Lüfte her,
Dann sinkt er nieder dicht und schwarz und schwer
Und brütet dumpf auf Haus und Baum und Strauch.
Es lauert rings ein großes, schwarzes Sterben,
Und alle Blätter sind so welk und grau,
Als funkelte hier nie ein Tropfen Tau.
Kein Frühling will die Straße bunter färben.

O, wüsstet ihr, wie ich in meinen Träumen
Oft weinend rief nach einem Stückchen Wald,
Nach ein paar frischen, wipfelstolzen Bäumen,
Durch die der Sturm sein helles Singen hallt,
Wie mir die Blume, die am Straßenrande
Nur schwarzbestaubt und mühsam aufgeblüht,
War wie ein Gruß aus einem Märchenlande,
Wie sie mit Glück und Sonne mich durchsprüht.

Ihr wisst es nicht, ihr könnt es nimmer wissen,
Und nimmer fühlen könnt ihr all das Leid,
Das mir die ganze Jugend hat zerrissen,
Das mich durchbebt so lange Zeit –
Nur Rauch, nur Qualm, der sich voll träger Ruh
Aus tausend Schloten wälzt in schwarzer Masse –
Wie ich dich hasse, meine Heimat, du!
Wie ich seit Kindertagen schon dich hasse!

Philipp Witkop

zu jener Zeit am Revier-Horizont abgespielt, als das Ruhrgebiet zum ersten Mal mit ganzseitigen Hochglanzanzeigen im bundesweiten Blätterwald für ein besseres Image warb. Der Werbestart jedenfalls war kein starkes Stück, sondern ging voll in die Hose.

Heute ist der Himmel weitgehend blau, aber die Luft noch immer nicht rein. Im europäischen Vergleich ist das Ruhrgebiet nach wie vor ein Hotspot der Luftverschmutzung. Bei Feinstaubmessungen an Ver-

BILDER FOLGESEITEN
S. 44–45 Anton Tripp: Parkplatz, Duisburg 1962
S. 46–47 Heribert Konopka: An der Zeche Scholven, Gelsenkirchen 1965

Anton Tripp: Protest gegen die Umweltschutzpolitik in der BRD, Dortmund 1963

kehrsknotenpunkten und Industriestandorten wurde im Jahr 2007 bis zu 80 Mal die Höchstgrenze überschritten.

Noch immer also ziemlich dicke Luft im Pott – und dies, obwohl die Grenzwerte heute deutlich niedriger sind als noch vor 30 Jahren. Nach Köln, Berlin und Hannover wurden Ende 2008 auch in neun Revierstädten Umweltzonen eingeführt, in denen Fahrverbote für Autos mit hohen Abgas-Emissionen gelten. Jeder, der dort fahren will, braucht eine rote, gelbe oder grüne Plakette. Die Autobahnen durch diese Städte sind von der Regelung ausgenommen – hier gilt weiterhin freie Fahrt.

Anton Tripp: Proteste gegen die Luftverschmutzung durch die Kokerei Zollverein, Essen 1961

BILD FOLGESEITE

S. 49 Die Kokerei Zollverein mit »Werksschwimmbad«: Einst stinkende Dreckschleuder, heute Ikone des Strukturwandels.

CRANGER KIRMES
PHILHARMONIE DES KLEINEN MANNES

Man geht »auf Crange«, nicht zur Kirmes. Genauso wie man »auf Schicht« und »auf Schalke« geht, und nicht etwa zum Fußball. Schräg, schrill, laut und pures Vergnügen ist das Oktoberfest des Reviers – und wer nie auf Crange war, hat das Ruhrgebiet nicht gesehen. Denn mitnichten wurde im Kohlenpott tagein, tagaus nur malocht. »Wer feste arbeitet, der soll auch feste feiern« und »wo viel gearbeitet wird, da tanzt auch mal der Bär«. Volksweisheiten wie diese galten hier ganz besonders. Dabei ist die Cranger Kirmes viel älter als das Ruhrgebiet selbst: Hervorgegangen aus einem Pferdemarkt, bei dem alljährlich um den Laurentiustag herum Wildpferde an den Mann gebracht wurden, findet die Kirmes im Jahr 2010 bereits zum 575. Mal statt. Über 500 Schausteller verwandeln den 80.000 Quadratmeter großen Festplatz am Rhein-Herne-Kanal in Wanne-Eickel zehn Tage lang in eine Welt wie von einem anderen Stern. Fünf Kilometer lang ist die Frontfläche und bietet Handfestes wie Abgedrehtes – von der kleinen Gurkenbude über die Geisterbahn bis zum »Cyber Space«. Die Cranger Kirmes zählt zu den größten Volksfesten Deutschlands, lockt jedes Jahr Rummelfans in Millionenstärke und ist, wie ein Schausteller einmal treffend bemerkte, die »Philharmonie des kleinen Mannes«.

C

CRANGER KIRMES

Nach Erkenntnissen Herner Heimatforscher ist die ausdauernde Pferderasse seit 1835 ausgestorben: die »Emscherbrücher Dickköpe«, auf denen noch 1808 Napoleons Reitergeneral Murat und seine Mannen in Regimentstärke gen Spanien zogen. Das letzte Wildpferd wurde vor gut 150 Jahren in Crange verkauft. Die Tradition aber hat sich erhalten – auch wenn der Pferdemarkt samt reitsportlichem Programm am Tag vor der Kirmeseröffnung heute nur noch schmückendes Beiwerk ist.

Ganz anders das Kirmesgeschäft. Denn zu dem eigentlichen Pferdemarkt reisten Jahr für Jahr mehr Gaukler, Tänzer und Taschenspieler, Zauberer und Wahrsager, Schausteller und Kirmesleute. Aus dem feucht-fröhlichen Fest wurde schließlich die Cranger Kirmes. Und mit den steigenden Einwohnerzahlen im Zechenrevier wuchs auch die Kumpelkirmes Jahr für Jahr.

Tradition ist auf Crange Trumpf. Übrigens ganz wie auf der Wiesn in München, jenem größten Volksfest der Welt, das seit 1810 auf die Theresienwiese lockt, verglichen mit dem Ruhrpott-Rummel aber eigentlich blutjung ist. Während die Cranger Kirmes nämlich auf stolze 575 Jahre zurückblickt, findet das Oktoberfest 2010 erst zum 177. Mal statt. Und auf Vergleiche mit der Düsseldorfer Kirmes, die sich »Größte Kirmes am Rhein« nennt, lässt man sich im Ruhrgebiet bekanntlich gar nicht erst ein.

MERKEN
Cranger Kirmes
vom 6. bis 15. August 2010
cranger-kirmes.de

Jedenfalls wird die Cranger Kirmes nach altem Brauchtum immer am 1. Freitag im August mit dem Anstich eines Bierfasses durch den Oberbürgermeister im blau-weißen Bayernzelt zusammen mit 4.000 Gästen eröffnet und dauert dann zehn Tage. Zum Start und am Schluss wird ein grandioses Höhenfeuerwerk in den Himmel geschossen. Am Donnerstag vor der eigentlichen Eröffnung findet im, am und um das Bayernzelt herum der Bürgerabend statt, wo man sich zum ersten Kirmesbier trifft. Und wie schon seit Urzeiten schlängelt sich am ersten Kirmessamstag ein kilometerlanger Festzug von der Eickeler Johanniskirche Richtung Festplatz. Wer das komplette Programm mitmachen will, sollte sich vorsorglich ein paar Tage frei nehmen. Und noch ein Tipp: Während auf dem Münchner Oktoberfest mit Dirndl und Lederhose ein strenger Dresscode herrscht, ist auf Crange eher legeres Freizeit-Outfit angesagt. Hier sieht man niemanden mehr in schwarzer Knappentracht samt Bergmannshut und Grubenlampe.

MERKEN
Kulturschiff Crange
Direkt vom Anleger an der Schleuse Wanne-Ost sticht der Kirmes-Dampfer zu Gala- und Familientouren ab.
Tel.: 02323.919050

Die Herner sind stolz auf ihre Cranger Kirmes. Auch wenn die Riesenfete Jahr für Jahr den totalen Ausnahmezustand bedeutet – eine Art fünfte Jahreszeit. Doch dabei zu sein gehört für jeden zum Pflichtprogramm. Vor allem die »Hinterhöfe« sind beliebter Treffpunkt – für Gäste, Einheimische und seit vielen Generationen auch für Schausteller. Wer es bis zum eigentlichen Festplatz mit all seinen kulinarischen Verlockungen nicht schafft, kann sich in der nächstbesten Garageneinfahrt bei Käffken und selbstgebackenem Kuchen

stärken. Dazu gibt es den legendären »Kirmestropfen« – ein Cranger Kultgetränk nach dem Originalrezept der traditionsreichen »Alten Drogerie«. Schon allein aus diesem Grund sollte man den alten Schlachtruf »Piel op no Crange!« beherzigen: Auf nach Crange!

ANSEHEN

Historische Kirmesausstellung

Ein Shuttledienst bringt Kirmesbesucher zu der Schau in der Künstlerzeche Unser Fritz 2/3.
Tel.: 02323.162010
herne2010.de

MERKEN

Meinken's Kirmestropfen Kräuterschnaps von der Wanner Brennerei Eicker & Callen, auch als Geschenk-Notdienst.
Alte Drogerie in Crange
Hauptstraße 408
44653 Wanne-Eickel (Herne)
Öffnungszeiten:
Mo–Fr 10–19 Uhr
Tel.: 02325.73666
altedrogeriemeinken.de

BILDER FOLGESEITEN

S. 54–55 Crange heute: Jede Runde Romantik pur

S. 56–57 Zog die Massen an: Schneiders Liliputaner Circus um 1960

R C
Circus Welt

CIRCUS

HNEIDERS
PUTANER
REV

CURRYWURST

VON FRITTENTEMPELN UND GOURMET-RESTAURANTS

Es gibt sie noch, die gute, alte Currywurst aus der Zeit, als die Malocher im Kohlenpott einen Energieverbrauch hatten wie einst die Jäger und Sammler. Bei jener scharf gewürzten Wurst handelt es sich jedenfalls um das Nationalgericht des Ruhrgebiets. Die kalorienreiche Variante in einer Komposition mit zwei Beilagen aus Kartoffeln und Öl wird an der Ruhr Currywurst-Pommes-Majo genannt und steht schwer unter Kultverdacht. Man kann in jedem Frittentempel auch einfach »Mantaplatte« bestellen, der Wurstbrater weiß in der Regel Bescheid. Die Currywurst ist die ewige Konstante in der Ruhrgebiets-Esskultur und wird es ganz sicher noch lange bleiben. Vielleicht gerade weil man hier den Menschen ständig einhämmert, dass nichts bleibt, wie es ist. Das schnelle Futter mit dem fettigen Flair ist jedenfalls nicht totzukriegen – auch wenn ihm Dönerbuden, Pizzastuben, Tapasbars und Asia-Takeaways dicht auf den Fersen sind. Doch auch feine Küche wird im strukturgewandelten Pott gerne aufgegabelt – oft sogar an Orten, wo das »Gedeck« vor weniger als einer Generation noch aus lecker Bierchen plus Frikadelle mit Senf bestand. Doch bis dahin war es ein weiter Weg.

C

CURRY-WURST

Jahrzehntelang machten Zeitgenossen mit sensiblen Zungen einen ziemlich großen Bogen um den Pott, aus dem es traditionell nach Blumenkohl mit Bratkartoffeln oder dicken Bohnen mit Speck roch. Heute gibt es neben den berühmt-berüchtigten Frittentempeln längst eine ganze Reihe sternenbekrönter Restaurants an der Ruhr. Und es ist schon ein halbes Jahrhundert her, dass bekennende Feinschmecker tief im Westen im völlig falschen Film waren.

Auch ein Pressezeichner der Westdeutschen Allgemeinen Zeitung in Bochum litt unter den barbarischen Ess- und Trinkgewohnheiten seiner kohlenstaubhaltigen Umgebung. Als sich Anfang der 1960er Jahre die Chance auftat, die Freuden verfeinerter Lebensart anderswo zum Beruf zu machen, verließ der angehende Gastro-Kritiker Wolfram Siebeck die heimatliche Feinschmeckerwüste Richtung Süddeutschland – und zwar für immer. Die Entscheidung kann man ihm nicht verübeln: Schon damals gab es im angesagten Münchener Schwabing mehr Edel-Italiener als heute im ganzen Ruhrgebiet. Jedenfalls hat der gebürtige Duisburger nach seiner Flucht aus dem Kohlenpott schnell Karriere gemacht: Heute ist er Gourmet-Papst der Republik. Und in seinem Feldzug für höchste Qualität bei Essen und Trinken hat er es sogar zum Träger des Bundesverdienstkreuzes erster Klasse gebracht.

> »Wir bewegten uns in der Journalistenszene im Ruhrgebiet. Das waren ja Zustände damals, die hockten immer in diesen Kneipen herum, die man nicht mit Kaffeehäusern verwechseln sollte, und spielten Skat. Diese Trinkhallen, ich mochte das nicht.« *Wolfram Siebeck*

Doch wer mit Henkelmann und Hasenbrot auf Zeche war, der brauchte nach der Maloche was Handfestes: »Kommse vonne Schicht, wat schönret gibbet nich als wie Currywurst«, sang Herbert Grönemeyer in den 1980ern auf Ruhrdeutsch und sprach den Kumpels aus der Seele.

Seit die Currywurst-Hymne zum ersten Mal erklang, wird der Ruhrgebietsklassiker noch heißer geliebt – und zwar über alle sozialen Schranken hinweg. Kumpels, Angestellte, Ministerpräsidenten und Vorstandsvorsitzende – an der Imbissbude sind sie alle gleich. Auch ist längst kein Geheimnis mehr, dass Ex-Bundeskanzler Gerhard Schröder vor allem der Currywurst wegen so ausgiebig Wahlkampf im Ruhrgebiet machte. Statt Tofu von der damaligen Ehefrau Hillu, so hieß es damals, habe er im Pott endlich mal was Vernünftiges auf die Gabel bekommen: Volksnähe statt Gedöns!

Gemäß diesem Motto machte ein gelernter Sterne-Koch wie Raimund Ostendorp in Wattenscheid als »King of Imbiss« Karriere.

MERKEN
Mantaplatte vom Meister:
Profi Grill
Bochumer Straße 96
44866 Bochum
profi-grill.de
Öffnungszeiten:
täglich 11–22 Uhr

3-Sterne-Koch Raimund Ostendorp bürgt für Qualität: In seinem Profi Grill werden Schnitzel gebraten, nicht frittiert.

Zusammen mit einem Rezept für Frikadellen hat er den Imbiss vor fast 20 Jahren von Vorbesitzer Kurt Kotzlowski übernommen. Der Profi-Grill ist für seine Qualität weit über die Grenzen Wattenscheids hinaus bekannt. Alle Speisen werden auf Porzellan serviert, die Saucen nach eigenen Rezepten gekocht – quasi »handgemacht«. Schnitzel werden gebraten und nicht frittiert, wie sonst an den volksnahen Futterkrippen üblich.

Vor allem hat die Currywurst nicht nur den Strukturwandel überlebt, sondern auch den Aufstieg in die Beletage geschafft. Inzwischen gehört sie zum kulinarischen »Muss« der Polit-Prominenz, die sich von der Spitzenköchevereinigung FC Ruhrgebiet zum Menü-Auftakt »Original Ruhriwurst mit Curryespuma« servieren lässt. Zwei Dutzend Spitzenköche und Küchenkünstler aus den feinsten Restaurants des Ruhrgebiets gehören derzeit zum Team der Botschafter des guten Geschmacks. Und die haben sich vorgenommen, aus den rheinischen, westfälischen und vielen anderen kulinarischen Einflüssen, die den Pott am Kochen halten, eine neue Ruhrgebietsküche zu kreieren –

MERKEN
Gourmetmeile »Essen genießen« vom 16. bis 20. Juni 2010
essen-geniessen.de

BILDER FOLGESEITEN

S. 62–63 Heribert Konopka: Vor dem Spiel des FC Schalke 04 in der Glückauf-Kampfbahn, Gelsenkirchen Anfang der 1970er Jahre

S. 64–65 Mantaplatte vom Drei-Sterne-Profi aus Bochum-Wattenscheid

RRA
Coca-Cola

MERKEN
Bezahlbare, feine Küche:
Restaurant Hannappel
Dahlhauser Straße 173
45279 Essen
Tel.: 0201.534506
restaurant-hannappel.de

mit Gerichten wie »Zanderschnitzel und Perlgraupenrisotto mit Pumpernickel«, »Revierschlemmerschnitte von Rind, Forelle und Waldpilzen« oder »Himmel und Erde-Ravioli mit Schalotteneis«. Die Dessertempfehlung: »Pommes Fruits Rot-Weiss«.

Dic gehobene Esskultur hat sich im Ruhrgebiet im Krebsgang entwickelt, aber immerhin. Dass es zwischen Imbissklassikern und Haute Cuisine längst eine niveauvolle Vielfalt gibt, können Feinschmecker und Freunde guter Küche alljährlich in der Ruhrhauptstadt des guten Geschmacks nachschmecken. Fünf Tage lang bieten die Küchenchefs von zwei Dutzend Essener Spitzenbetrieben auf der Gourmetmeile »Essen genießen« ein kreatives »best of«. Kostproben ihres Könnens geben dabei auch zwei Restaurants, die den Strukturwandel sozusagen am Herd bewältigt haben und hiermit wärmstens empfohlen werden. Beide bieten rundum beste Qualität an alteingesessenen Traditionsstandorten – ehemalige Eckkneipen mit dem damals üblichen Gesellschaftssaal.

MERKEN
Qualität am
Traditionsstandort:
Restaurant
Gummersbach
Fürstenbergstraße 2
45355 Essen
Tel.: 0201.676464
gummersbach-essen.de

Mit feiner Frischeküche, Biofleisch und ausgesuchten Weinen aus Baden und Frankreich hat sich das Restaurant Gummersbach am Schlosspark Borbeck peu à peu zu einem Feinschmeckerlokal gemausert. Alles in allem eine Empfehlung für Genießer, die Wert aufs Wesentliche legen. Tipp: der Hummer-Spaß für ganze 29,29 Euro samt »Bedienungsanleitung«. Reservieren!

Längst kein Geheimtipp mehr ist das Restaurant Hannappel. Als der Essener Knut Hannappel vor über 15 Jahren die Eck-Kneipe seiner Eltern in Essen-Horst übernahm, erklärten ihn nicht wenige für verrückt, denn er wollte das Lokal in ein Gourmet-Restaurant verwandeln. Heute zählt Knut Hannappel zu den besten Köchen in NRW und steht mit 16 Punkten in der Feinschmeckerbibel Gault-Millau. Auch wegen des guten Preis-Leistungs-Verhältnisses: Hauptgerichte gibt es ab 20 Euro. Letzte Anzeichen für eine Kneipe sind nach der Renovierung des Gastraums für immer verschwunden.

HERBERT GRÖNEMEYER: *CURRYWURST*

gehse inne stadt
wat macht dich da satt
'ne currywurst

kommse vonne schicht
wat schönret gibt et nich
als wie currywurst

mit pommes dabei
ach, dann gebense
gleich zweimal currywurst

bisse richtig down
brauchse wat zu kaun
'ne currywurst

willi, komm geh mit
ich krieg appetit
auf currywurst

ich brauch wat in bauch
für mein schwager hier auch
noch ne currywurst

willi, is dat schön
wie wir zwei hier stehn
mit currywurst

willi, wat is mit dir
trinkse noch 'n bier
zur currywurst

ker scharf is die wurst
mensch dat gibt'n durst,
die currywurst

bisse dann richtig blau
wird dir ganz schön flau
von currywurst

rutscht dat ding dir aus
gehse dann nach haus
voll currywurst

aufm hemd auffer jacke
ker wat ist dat ne k...
alles voll currywurst

DÜSSELDORF

GRUBENPFERD GEGEN SCHREIBTISCH-HENGST

Was das Ruhrgebiet mit Düsseldorf verbindet? Diese Frage ist einfach zu beantworten: Nichts. Gar nichts. Überhaupt nichts. Denn zwischen dem guten, alten Kohlenpott und der schicken Landeshauptstadt samt Airport International und Königsallee liegen Welten – mental und auch sonst. Und deshalb soll das Revier unter einem chronischen Minderwertigkeitskomplex leiden? Eine bodenlose Unterstellung, die jeder echte Ruhri gestenreich und wortgewaltig kommentiert. Aber es lässt sich nicht leugnen: Das Ruhrgebiet gilt quasi von Geburt an als die schmuddelige Werkbank, die feine Landeshauptstadt am Rhein als der Schreibtisch des Reviers. Im Ruhrgebiet wurde das Geld hart und mannhaft erarbeitet, Düsseldorf gab die Früchte jener Arbeit aus. Und während man am Rhein ungeniert zeigte, was man hat, trug man an der Ruhr den Pelz nach innen. Wenn überhaupt. Der Krieg der Befindlichkeiten erhitzt seit Jahrzehnten die Gemüter und ist längst zum Ritual geworden. Mitunter genügt schon die Veröffentlichung der aktuellen Einwohnerzahlen zwischen dem prosperierenden Düsseldorf und dem schrumpfenden Pott, um die Emotionen anzustacheln.

D

DÜSSELDORF

Die tiefste Kluft zwischen dem Großraum Düsseldorf und dem Ruhrgebiet ist, schon rein geologisch gesehen, das Ruhrtal – eine Art natürliche Grenze, die es zu überwinden gilt. 1966 wurde die Ruhrtalbrücke eingeweiht, ihres Zeichens eines der wichtigsten Brückenbauprojekte Europas nach dem Zweiten Weltkrieg. Rein zufällig handelt es sich um die mit 1800 Metern längste Straßenbrücke der Nation aus Stahl. Dabei hätten die Revierstädte – scherzhaft – am liebsten eine Zugbrücke gehabt, die man wie im Mittelalter flexibel hoch- und runterlassen konnte. Damit hätte man nämlich gleich zwei Fliegen mit einer Klappe geschlagen: erstens verhindert, dass gut ausgebildete Fachkräfte und Hochschulabsolventen quasi ohne Passierschein nach Düsseldorf abwandern und womöglich für immer dort bleiben; zweitens hätte man im Falle einer Invasion jeden unerwünschten Gast sozusagen kommentarlos in seine rheinischen Schranken verwiesen.

Denn trotz Brückenbau und nur gut zehn Autominuten von Essen entfernt – Düsseldorf gehört definitiv nicht zum Ruhrgebiet. Schon der rheinische Singsang gilt unmissverständlich als Fremdsprache, die den Eindringling verrät. Die Spürnasen aus dem Revier erkennen den Düsseldorfer nicht nur an seinem mangelnden Fachwissen in Sachen Ruhrgebiet, sondern auch an seiner »Duftmarke«: Und das ist in der Regel nicht ein zu dick aufgetragenes Wässerchen aus den Parfumerien an der Königsallee, sondern schlicht und ergreifend der mangelnde Stallgeruch.

Eine Art Grenzposten ist die Stadt Duisburg am westlichen Rand des Reviers. In den boomenden Wirtschaftswunderjahren galt noch die alte Kumpelweisheit »Wo die Ruhr in den Rhein fließt, ist Duisburg. Dahinter kommt nichts mehr«. Doch mit der Kohlekrise verstärkte sich das nagende Gefühl, von Düsseldorf aus »fremdregiert« zu werden. Tatsächlich hingen die kränkelnden Revier-Kommunen bald am Tropf und mussten mit Subventionen aus Landes-, Bundes- und EU-Kassen künstlich beatmet werden.

Inzwischen hat sich die weltoffene Hafenstadt Duisburg zu »Rhein-Ruhr« bekannt und möchte lieber heute als morgen die alte Festung Ruhrgebiet verlassen – jener mentale Zusammenschluss, in dem sich die restlichen Revierhäuptlinge verschanzt haben. Als der damalige NRW-Sportminister Michael Vesper (und gebürtige Kölner) gegen Ende der rot-grünen Landesregierung ein wenig naiv verkündete, die Rhein-Ruhr-Region mit Düsseldorf als Bewerberstadt werde sich um die Olympischen Sommerspiele 2012 bewerben, verstanden das die Altvorderen im Revier als offene Kriegserklärung. Wenn schon Olympia, dann bitte mit dem Ruhrgebiet als Bannerträger und nicht als Wurmfortsatz. Think big!

Soll man etwa klein beigeben, nur weil man notorisch klamm ist? Niemals! Und so wehrt sich das kleine Ruhrgebiet gegen die Truppen aus dem Rheinland wie das berühmte gallische Dorf zur Zeit des Imperium Romanum. Der Düsseldorf-Komplex wird an den Stamm-

MERKEN
Kontrastprogramm zu Ruhr 2010: Quadriennale 2010 in der NRW-Landeshauptstadt; September 2010 bis Januar 2011, artcity-duesseldorf.de

tischen des Ruhrgebiets vererbt, der Aufstand gegen die Fremdherrschaft mit immer neuen Rekruten geprobt. Die Geschichte wie aus einem »Asterix und Obelix«-Comic kommt hier übrigens traditionell zum Auftakt der Kommunal- und Landtagswahlen auf die politische Bühne. Der inoffizielle Titel des Stücks: Grubenpferd gegen Schreibtischhengst. Allein – es fehlt der Zaubertrank.

EMSCHER
GANZ OHNE NASENKLAMMER!

Wer beim Stichwort Emscher bislang immer die Nase gerümpft hat, der kann künftig tief durchatmen. Denn die früher zum Himmel stinkende Betonröhre im Hinterhof des Reviers müffelt heute nur noch abschnittsweise. Im Kulturhauptstadtjahr präsentiert sich der Fluss sogar als Kunstprojekt samt touristischem Begleitprogramm: An Klärbecken und Brücken, Faultürmen und Schleusen machen vierzig Künstler auf das größte Renaturierungsprojekt Europas aufmerksam und gestalten 100 Tage lang eine Skulpturen-Schau. Der Umbau der Emscher und ihrer Nebenflüsse ist eine ökologische Mammutaufgabe, denn bereits seit 1910 wird der Fluss als offener Abwasserkanal für das gesamte nördliche Ruhrgebiet benutzt. Seit 1990 entsteht Kilometer für Kilometer ein viele Milliarden Euro schweres wassertechnisches Bauwerk, das Abwasser und Flusswasser voneinander trennen soll. Unter Tage wächst ein gigantisches Kanalsystem für das Schmutzwasser, über Tage soll die saubere Emscher romantisch-blau in ihrem neuen, naturnah gestalteten Flussbett plätschern – gerade so, als sei nichts gewesen. Schon heute wird an den Ufern der einst »Köttelbecke« genannten Emscher gejoggt, gewandert und geradelt – ganz ohne Nasenklammer!

E

EMSCHER

Kaum ein deutscher Fluss hat eine so wechselvolle Geschichte durchlaufen wie die Emscher. Keiner ist so einschneidend verändert worden, dass er in den 1920er Jahren sogar aus der Liste der natürlichen Flüsse gestrichen wurde. Die Geschichte der Emscher ist untrennbar mit dem Gründungsmythos und der Industriegeschichte des Ruhrgebiets verbunden. Die heutige Generation ist bereits seit Jahren mit Reparaturarbeiten beschäftigt. Inzwischen gilt der Umbau des gut 80 Kilometer langen Emschersystems von der Quelle bei Dortmund bis zur Mündung in den Rhein als Zukunftsprojekt der Region und ist sogar kulturhauptstadtfähig.

Und tatsächlich hat die Geschichte der Emscher etwas Märchenhaftes. Es war nämlich einmal ein kleines Flüsschen mit zahlreichen Mühlen und Wehren, bekannt für seinen Fischreichtum. An den Hängen des Emschertals bei Dorstfeld wuchs im Mittelalter Wein. Zu einem wahren »Höllenfluss« des Reviers wurde die Emscher im späten 19. Jahrhundert, als das Flüsschen die eingeleiteten Abwässer der boomenden Montanindustrie und Städte nicht mehr fassen konnte. Bei Hochwasser wurden ganze Stadtteile überschwemmt und in ein Notstandsgebiet verwandelt, in dem Ruhr und Cholera grassierten.

Überschwemmung an der Emscher, Essen um 1910

BILDER FOLGESEITE
S. 75 Arbeiter bei der Eindeichung der Emscher
S. 76–77 Rudolf Holtappel: Begrünte Uferböschungen der Emscher, Oberhausen 1964
S. 78–79 Frank Vincken: Emscher bei Essen

Nach Jahren hygienischer Katastrophen entstand per Sondergesetz 1899 die Emschergenossenschaft als erster deutscher Wasserwirtschaftsverband. Bis heute ist die Institution für Entsorgung und Klärung von Abwasser aus Industrie und Haushalten im Ruhrgebiet zuständig.

MERKEN
Radfahren Emscher Weg
Von der Quelle in Holzwickede bis zur Mündung in den Rhein bei Dinslaken – 107 Kilometer zu Fuß oder per Rad im Zeichen der blauen Welle. Nicht verwechseln mit dem Emscher Park Radweg!
Karten gibt's im Buchhandel.

Um all jene Abwässer in geordnete Bahnen zu bringen, begann vor einhundert Jahren der Ausbau der Emscher und ihrer Nebenläufe zu einem System offener Abwasserkanäle – im Volksmund »Köttelbecke« genannt. Jene aufwendige Konstruktion sollte die sichere und schnelle Abwasserableitung gewährleisten. Weil unterirdische Abwasserkanäle wegen bergbaubedingter Bodensenkungen nicht in Frage kamen, zwängte man die Emscher nach und nach in ein schmales Betonbecken und deichte sie ein.

Trotz Kläranlagen und Pumpwerken war die stinkende Kloake, offen und dampfend quer durch Wohngebiete und Landschaft verlaufend, größtes Problemkind der Region. Jahrzehntelang waren die Ufer

EMSCHER IN HORST

Gossen-Kot-Kloakenrinne
Duft von Teer und Naphtalinen
Exkrementen aus Maschinen
Und die Nacht die zischt und braust
Während je die Kokerei
Ihre Feuerflammenfaust
Steil emporsticht die geballt
Auf das tiefe Qualmdach prallt.
Gellend rot im Schlotenwald
Färbt sich der gequälte Fluss
Lautlos rieseln Staub und Ruß
Schrilles Singen von Maschinen
Duft von Teer und Naphtalinen
Arbeitstakt in Nacht gebrüllt
Und – von Nacht hinweggespült.

Josef Büscher

der Emscher und auch ihrer Zuläufe gefährliche No-go-areas – so genannte Meideräume, wie Sperrzonen eingezäunt und gesichert. Selbst Erwachsene konnten sich aufgrund der hohen Fließgeschwindigkeit und der glitschigen Betonwände kaum aus eigener Kraft retten, wenn sie hineinfielen. So erging es 1978 auch dem Schriftsteller Michael Holzach, der für Filmrecherchen an der Emscher bei Dorstfeld entlang wanderte und bei dem Versuch, seinen Hund aus der Kloake zu retten, selbst ertrank.

Ende der 1980er Jahre fiel die Entscheidung für einen grundlegenden Umbau des Emschersystems zu einem renaturierten Gewässersystem mit geschlossenen, unterirdischen Abwasserkanälen mitsamt neuer Kläranlagen. Angestoßen von der Internationalen Bauausstellung (IBA) Emscher Park entsteht heute entlang der Emscher der Emscher Landschaftspark – ein Generationenprojekt, das ganze Stadtteile aufwertet und für neue Lebensqualität sorgt.

All dies wird im Kulturhauptstadtjahr mit der Ausstellung »emscherKUNST.2010« gefeiert. 40 international renommierte Künstler laden 100 Tage lang zur Besichtigung ihrer Kunstwerke an den alten, neuen Fluss zwischen Oberhausen und Castrop-Rauxel. Dahinter steckt der Wunsch, Kunst, Landschaft, Industrie und Geschichte mögen sich zu einer neuen Kulturlandschaft verbinden. Unter anderem entsteht auf einem Faulturm in Herne ein Riesenmosaik, das Arbeitskämpfe im Ruhrgebiet zeigt; im ehemaligen Klärbecken in Bottrop-Ebel soll ein »versunkener Garten« wachsen.

MERKEN
»Müffelrunde«:
Wandertouren zur Emscherkunst
vom 29. Mai bis
5. September 2010
Infos und Buchung:
simply-out-tours.com

MERKEN
emscherKUNST.2010
Ausstellung
vom 29. Mai bis
5. September 2010.
Infos und Touren:
emscherkunst2010.de

FOLKWANG
KULTIVIERUNG DER INDUSTRIEPROVINZ

»Das Folkwang ist das schönste Museum der Welt«, sagte der Mitbegründer des Museum of Modern Art in New York, Paul J. Sachs, bei einem Besuch in Essen. Das war 1932. Bereits im Jahr darauf begann mit der Machtübernahme der Nationalsozialisten die Zerschlagung jenes legendären Bilderschatzes. Bis 1937 wurden mehr als 1.400 Werke als »Entartete Kunst« beschlagnahmt und anschließend verschleudert – Bilder, Skulpturen und Objekte, die heute als Meisterwerke der Moderne großen Museen und Privatsammlungen im In- und Ausland gehören, darunter Gemälde von Cézanne, van Gogh und Gauguin, Kandinsky, Macke und Marc. Nach 1945 nahm das Museum seine Aktivitäten wieder auf und begann mit dem Rückkauf der Kunstwerke, doch viele Bilder sind für immer verloren. Das im Krieg zerstörte Museum wurde 1960 wiedereröffnet – mit einem Museumsneubau im Stil der klassischen Moderne, der zu den schönsten der Nachkriegszeit gehört. In geradezu märchenhafter Weise vollendet sich die Geschichte des Hauses und ihrer Bildersammlung im Kulturhauptstadtjahr 2010. Dann wird die rekonstruierte Sammlung von 1932 erstmals wieder in Essen zu sehen sein – in einer Sonderausstellung im Eröffnungsjahr des Neubaus für das Museum Folkwang.

F

FOLK-WANG

Folkwang – ein Name mit Weltruf. So hatte Karl Ernst Osthaus (1874–1921) jenes Museum genannt, das er 1902 in der westfälischen Industriestadt Hagen eröffnete. Eine wahre Pioniertat, denn der junge Museumsgründer war der erste, der Werke von zeitgenössischen Künstlern wie van Gogh und Gauguin sammelte und sie auch der Öffentlichkeit zugänglich machte. Als weltweit erstes Museum für zeitgenössische Kunst wurde das Hagener Folkwang-Museum schon bald weltberühmt. Zwei Jahrzehnte lang war es ein Zentrum der modernen Kunst von internationalem Rang, das viele Künstler und Kunstbegeisterte anzog – eine Zeit, die als »Hagener Impuls« in die Kunstgeschichte eingegangen ist.

Auch der Hagener Museumsbau an sich machte mit seiner einzigartigen Innenarchitektur von sich reden. Als Kenner der Avantgarde in Kunst, Kunstgewerbe und Architektur hatte Osthaus den belgischen Architekten Henry van de Velde mit dem Innenausbau beauftragt. Der errichtete mit dem Hagener Folkwang-Museum das erste öffentliche Gebäude Deutschlands im »modernen Stil«, nämlich im Jugendstil. Van de Velde, wie Osthaus Mitglied des Deutschen Werkbundes, baute in dessen Auftrag zwischen 1906 und 1908 die Villa Hohenhof in Hagen, das Wohnhaus von Osthaus, als ersten Baustein zur geplanten Künstlerkolonie Hohenhagen.

Für den kunstsinnigen und vermögenden Bankierssohn Osthaus war der Name Folkwang ein Programm. Er hatte ihn der altnordischen Mythologie entliehen: Folkwang ist der Sage nach der Saal der Freya, der germanischen Göttin der Schönheit, der Liebe und der Künste in Walhall. Daraus entwickelte Osthaus den großen »Folkwang-Gedanken« – die Idee, dass Kunst und Leben versöhnbar seien. Kunst und Kultur, so seine Vorstellung, sollte den Alltag aller Menschen bereichern, unabhängig von Herkunft und Bildung.

ANSEHEN
Villa Hohenhof:
Das Wohnhaus des Folkwang-Gründers Karl Ernst Osthaus ist ein Gesamtkunstwerk des Jugendstils.
Hohenhof
Stirnband 10
58093 Hagen
Tel. 02331.2073129
osthausmuseum.de
Öffnungszeiten:
Sa/So 11–18 Uhr

»Nirgends wären Museen notwendiger als in den immer gewaltiger anwachsenden Industriestädten, und doch sind sie nirgends seltener. Die Folge ist ein Zurücktreten aller idealen Interessen, eine geistige Verflachung in diesen Städten, die gerade angesichts der in ihnen aufgespeicherten Finanzkraft verhängnisvoll für unser nationales Leben werden kann.«
Karl Ernst Osthaus

BILDER FOLGESEITE
S. 85 Museumsgründer Karl Ernst Osthaus auf einem Gemälde von Ida Gerhardi
S. 86–87 Peter Kleu: Der Neubau des Museums Folkwang, 1960
S. 88–89 Das Museum Folkwang Essen in den 1930er Jahren: Zur Osthaus-Sammlung gehörten Werke der Avantgarde und eine naturkundliche und kunstgewerbliche Sammlung

ANSEHEN
Drei Sonderausstellungen im neuen Museum Folkwang:
»Das schönste Museum der Welt.« Museum Folkwang bis 1933« vom 20. März bis 25. Juli 2010.
»Bilder einer Metropole. Die Impressionisten in Paris« vom 2. Oktober 2010 bis 30. Januar 2011.
Museum Folkwang Essen
Bismarckstr. 60
45128 Essen
Tel.: 0201.8845 444
museum-folkwang.de
Öffnungszeiten (während der Sonderausstellungen) :
Di–So: 10–20 Uhr,
Fr bis 24 Uhr,
Mo geschlossen

In der felsenfesten Überzeugung, dass der »kunstverlassene Industriebezirk an der Ruhr« der geeignete Ort für seine kunst- und bildungsreformerischen Innovationen war, hatte der vielgereiste Kosmopolit und Kunstmissionar sein Folkwang-Museum, die Folkwang-Malschule und auch das »Deutsche Museum für Kunst in Handel und Gewerbe« mitsamt Abendkursen zu kunsthistorischen Themen für Erwachsene ganz bewusst in Hagen gegründet. Sein kunsterzieherisches Engagement, bis hin zu städtebaulichen Musteranlagen – eine Arbeiterkolonie von Richard Riemerschmid und Villen von Peter Behrens – wurde in Hagen allerdings kaum wahrgenommen.

Osthaus hatte vielfältige Kontakte nach Essen, wo 1914 auch der damals wegweisende Siedlungsverband Ruhrkohlenbezirk gegründet wurde. So erklärt sich, dass nach dem frühen Tod Osthaus' die Sammlung und mit ihr der Name des Folkwang-Museums 1922 an kunstbegeisterte Bürger des Essener Folkwang-Museumsvereins und die Stadt Essen verkauft wurde, um sodann mit dem Städtischen Kunstmuseum zum Museum Folkwang vereinigt zu werden. 1929 eröffnete das Museum Folkwang in Essen mit den inzwischen vereinigten Sammlungen.

Heute steht die wechselhafte Geschichte des Museums und seiner legendären Sammlung beispielhaft für die Geschichte der künstlerischen Moderne selbst. Das Museum war bis 1937 von den Nationalsozialisten seiner wertvollsten Stücke beraubt worden – darunter vor allem Werke des Expressionismus und der abstrakten Kunst, die 1937 in der Münchener Feme-Ausstellung »Entartete Kunst« gezeigt bzw. in der Luzerner Galerie Fischer versteigert wurden.

Dieser große Bogen wird geschlagen, wenn 2010 eben jene legendäre Kunstsammlung von 1932 erstmals wieder in Essen zu sehen sein wird – in einer rekonstruierten Fassung und als Sonderausstellung im Eröffnungsjahr des Neubaus für das Museum Folkwang. Die Ausstellung bringt erstmals auch wieder einen alten Schatz ans Licht: Wie schon zur Zeit von Osthaus werden die Meister der Moderne neben Skulpturen und Objekten aus China und Japan, Griechenland und Ägypten, Java und Ozeanien stehen und in besonderer Form inszeniert. Dieser Neubau nach Entwürfen des renommierten Londoner Architekten David Chipperfield ist eine Schenkung der Alfried Krupp von Bohlen und Halbach-Stiftung an die Bürger der Stadt Essen. Der denkmalgeschützte Altbau von 1960 mit seinen Innenhöfen und Wandelgängen wird Teil dieses Ensembles und Anfang 2010 wiedereröffnet. Neben Malerei und Skulptur werden hier künftig auch Fotografie, Grafik, Zeitgenössische Kunst, Alte und Außereuropäische Kunst sowie Exponate des Deutsche Plakat Museums gezeigt, das in das Museum Folkwang einzieht.

Wer die Hagener Folkwang-Wurzeln ergründen möchte, muss sich auf die Reise Richtung Sauerland begeben: Das erweiterte und grundlegend sanierte Osthaus Museum Hagen präsentiert sich seit

Herbst 2009 in den Jugendstilräumen des historischen Folkwang-Baus sowie im Anbau der 1970er Jahre. Zusammen mit dem neuen Emil Schumacher-Museum bildet es das neue Museumszentrum »Kunstquartier Hagen«, das sich ganz im Sinne von Karl Ernst Osthaus die Vermittlung von Kunst auf die Fahnen geschrieben hat.

Einmal in Hagen, sollte man der Vollständigkeit halber auch den Hohenhof besichtigen. Das komplett erhaltene Wohnhaus von Karl Ernst Osthaus entstand in enger Zusammenarbeit zwischen dem Bauherrn und van der Velde, der hier die Architektur und die Innenausstattung in eben jenem »neuen Stil« aus einem Guss schuf – von Bodenbelägen über Möbel, Wanddekorationen, Lampen bis hin zum Besteck. Heute informiert das Wohnhaus als Außenstelle des Osthaus Museums und »Museum des Hagener Impulses« über die Geschichte des Folkwang-Gründers.

Doch zurück nach Essen. Hier ist neben dem Museum Folkwang auch die heutige Folkwang Hochschule mit Hauptsitz in der früheren Benediktinerabtei in Essen-Werden längst zu einem kulturellen Markenzeichen der Stadt geworden. Gegründet 1927, führten der Operndirektor Rudolf Schulz-Dornburg, der Bühnenbildner Hein Heckroth und der Choreograph Kurt Joos jene Folkwang-Idee fort, unter der Osthaus die Einheit aller Künste verstand.

Aus der ursprünglichen Idee, dass die Künste den Alltag bereichern und den Menschen erziehen solle, entwickelte sich an der Kunsthochschule über die Jahrzehnte eine fächerübergreifende Ausbildung, die heute internationales Gütesiegel ist. Berühmte Tänzer und Choreographen, Schauspieler und Pantomimen, Dirigenten, Komponisten, Musiker und Opernsänger, Regisseure und Fotografen haben hier gelehrt oder studiert, darunter Otto Steinert, Max Burchartz, Albert Renger-Patzsch, die jüngst verstorbene Tänzerin Pina Bausch, Andreas Gursky, Susanne Linke, Reinhild Hoffmann und viele andere.

ANSEHEN

Das Osthaus Museum Hagen präsentiert sich seit Herbst 2009 in neuem Glanz.
Osthaus Museum Hagen
Museumsplatz 1
58095 Hagen
Tel.: 02331.2073129
osthausmuseum.de
kunstquartier-hagen.de
Öffnungszeiten:
Di–Fr 10–17,
Sa/So 11–18 Uhr

Vincent van Gogh, »Armand Roulin« (1888).

FÖRDERTURM

WAHRZEICHEN DES INDUSTRIE-ZEITALTERS

Förderturm? »Dat issen Fördergerüst!« Jeder Ex-Kumpel, der heute Touristen über eine Revierzeche führt, kennt den Unterschied zwischen Förderturm und Fördergerüst recht genau. Nachhilfe erwünscht? Von einem Förderturm spricht man, wenn die Fördermaschine mitsamt Förderseilen in einem turmartigen Bau untergebracht ist. Andernfalls handelt es sich um ein Fördergerüst. Alles klar? Beide Konstruktionen wurden über dem Schacht einer Tiefbauzeche errichtet und sind das markanteste Merkmal eines Bergwerks. 380 Fördertürme und -gerüste gibt es noch im Revier, einige stehen unter Denkmalschutz, man kann sie bestaunen, manche auch besteigen. Dass es sie überhaupt noch gibt, ist das Ergebnis des hartnäckigen Engagements zahlreicher Bürger. Salonfähig wurde diese Form von Heimatkult ab 1990 mit der Internationalen Bauausstellung (IBA) Emscher Park – jenes Stadterneuerungsprojekt des Landes NRW, das den Blick auf das industriekulturelle Erbe des Reviers richtete. Seitdem sind die stählernen Gerüste Teil der touristischen Route Industriekultur und gefragte Erlebniskulisse. Der berühmte Doppelbock der Zeche Zollverein gilt als »Eiffelturm des Ruhrgebiets«.

F

FÖRDER-TURM

Dass ein ausgedientes Fördergerüst als Sehenswürdigkeit taugt, mag ja noch durchgehen. Aber dass es als »Eiffelturm« das Wahrzeichen des neuen Ruhrgebiets wird, war nicht abzusehen. Lange war nämlich offiziell alles verpönt, was auch nur im Entferntesten nach Kohle klang – ein Grund, weshalb seit dem Beginn des Zechensterbens in den 1960er Jahren im Ruhrgebiet rigoros die Abrissbirne regierte. Fast 400 dieser »Mammutbäume« des Reviers überlebten jene Ära des Plattmachens – und feiern heute ein Revival: Kein Buchcover, kein Prospekt, kein Souvenir kommt mehr ohne jene stählerne Hebekonstruktion aus.

Aufwändig restauriert, stehen die Zeugen des Industriezeitalters heute unter Denkmalschutz, manche sind aufwändig beleuchtet, andere können bestiegen werden. Die sehenswertesten Exemplare jener Gattung sind in der touristischen »Route Industriekultur« zusammengeschlossen. Und Jahr für Jahr lockt eine »Extraschicht« zu einer langen Nacht mit viel Programm zu den stählernen Vorzeige-Kolossen. Wie viele Fördergerüste es im Ruhrgebiet einmal gegeben hat, will 2010 das Projekt »Schachtzeichen« zeigen: Überall dort nämlich, wo in den vergangenen 100 Jahren ein Fördergerüst die Schnittstelle der Unter- und Übertagewelt war, wird ein riesiger, gelber Ballon in die Luft steigen.

MERKEN
Schachtzeichen: 400 Ballone steigen überall dort in den Himmel, wo in den vergangenen 100 Jahren ein Fördergerüst stand. Termin: 22. Mai bis zum 30. Mai 2010
schachtzeichen.de

> »Wir haben nicht die Absicht, aus alten Industriegebäuden Reliquien zu machen, aber wir möchten eine einigermaßen lückenlose Kette der unterschiedlichen Erscheinungsformen herstellen.« *Bernd und Hilla Becher, 1969*

Einen unverzichtbaren Beitrag für die Wertschätzung der Industriebauten leistete ein Künstlerpaar. Ihre Arbeit war ein ständiger Wettlauf mit der Zeit: Fast 50 Jahre lang haben Bernd und Hilla Becher systematisch Tausende von Fördertürmen und -gerüsten, Hochöfen, Getreidesilos und Gasbehältern, Wassertürmen und Kohlebunkern fotografiert. Fasziniert von ihrer Funktionalität, dokumentierten die Bechers seit Ende der 1950er Jahre weltweit und vorzugsweise im Ruhrgebiet Industriebauten, die für ihren Entstehungszeitraum typisch waren. Viele verschwanden kurz nach dem Fototermin für immer von der Bildfläche.

MERKEN
Die lange Nacht der Industriekultur: Extraschicht am 19. Juni 2010
extraschicht.de

BILDER FOLGESEITEN
S. 95 Heribert Konopka: Demontage der Gelsenkirchener Zeche Graf Bismark 1966
S. 96–97 Ruth Hallensleben: Die Dortmunder Zeche Germania im Jahr 1956. Das Fördergerüst ist seit 1973 Wahrzeichen des Deutschen Bergbau-Museums in Bochum.
S. 98–99 Frank Vinken: Zollverein School of Management and Design
S. 101 Immer im Blick: Das Fördergerüst über dem Bergbaumuseum Bochum

Mit Leidenschaft und großer Hartnäckigkeit haben Bernd und Hilla Becher ihre Sujets im Bild bewahrt. Objekt für Objekt, bis sie sahen, welche unglaubliche Vielfalt in dem Thema steckte. Denn ein englischer Förderturm sah anders aus als ein französischer und ein deutscher. Und besonders die im Ruhrgebiet errichteten Fördertürme und -gerüste unterschieden sich durch zahllose Bauarten und Varianten. Der serielle Charakter wurde zum Markenzeichen der Becher-Fotografie und unter dem Begriff »Typologien« zu einer nahezu lückenlosen Sammlung von industriellen Bauten unterschiedlichster Erscheinungsformen. Bernd und Hilla Becher verstanden sich als Spurensucher und Archäologen der Industriearchitektur. Oft waren sie wochenlang im VW-Bus unterwegs, um jene »Skulpturen zwischen Kunst, Ingenieurbau und Architektur«, wie sie die Industriebauten selbst nannten, betont sachlich-konzeptionell und immer in Schwarz-Weiß zu fotografieren – ein Stil, der als so genannte Becher-Schule bekannt wurde.

Ihre erste Werkschau fand 1967 in München statt, die von dort aus durch Europa und nach San Francisco und Los Angeles reiste. 1976 bis 1996 lehrte Bernd Becher als Professor für Fotografie an der Staatlichen Kunstakademie Düsseldorf. Mit seinen berühmten Bildern industrieller Anlagen hat sich das Ehepaar internationale Anerkennung erworben – und wie nebenbei das Bild vom sich wandelnden Ruhrgebiet in einer ganz eigenen Ästhetik bekannt gemacht. Heute sind die Arbeiten international gefragte Sammlerobjekte und hängen in den wichtigsten Museen der Welt. 2010 zeigt die Ausstellung »Ruhrblicke« auf der Zeche Zollverein ausgewählte Fotografien des Künstlerpaares sowie Arbeiten ehemaliger Becher-Schüler – darunter Star-Fotografen wie Andreas Gursky, Thomas Ruff, Thomas Struth, Candida Höfer und andere.

ANSEHEN
Ruhrblicke: Ausstellung mit Fotografien des alten und neuen Ruhrgebiets vom 24. April bis 24. Oktober 2010 auf dem Welterbe Zollverein in Essen. ruhr2010.de

Das Doppelbock-Fördergerüst über dem Zollverein Schacht XII in Essen um 1930

FUSSBALL
NICHT REDEN, GRAS FRESSEN!

Geliebtes Ritual und »Muss« für jeden echten Fan im Revier: Samstag, 15.30 Uhr bis 17.15 Uhr, nur Fußball. Dann – und wirklich nur dann – mischen sich zwei Halbzeiten lang die Vereinsfarben des jeweiligen Heimatclubs mit denen der anderen: Dortmunder Schwarz-Gelb, Schalker Königsblau, Bochumer Blau-Weiß und das Weiß-Blau der Duisburger Zebras, Rot-Weiss Essen, Rot-Weiß Oberhausen und das Schwarz-Weiß der Wattenscheider. Mit jedem Anpfiff hebt sich der Vorhang für die große Live-Oper. Und dies, obwohl König Fußball im Revier längst kein Kumpelsport mehr ist; heute treten millionenschwere Importspieler für die traditionsreichen Arbeiterclubs das runde Leder. Dafür, so wollen es die Fans, sollen die Spieler auf dem Platz hart arbeiten – Gras fressen. Denn Fußball und Maloche gehören im Ruhrgebiet zusammen wie einst Kohle und Stahl. Schon vor über 100 Jahren waren die Kumpels, die auf dem Rasen beim Zechenclub kickten, oft auch Kumpels unter Tage. Das schweißte sie auf dem Platz zusammen – bis zum »Wunder von Bern« 1954 und der so genannten »Pottomania« 1997, als die Erzrivalen Schalke 04 und der BVB 09 große Pokale in den Pott holten – Pötte halt.

F

FUSSBALL

Fußballsamstag – das ist Auszeit vom Alltag und heiliger Ausnahmezustand. Wer nicht im Stadion ist, hat das Ohr am Radio oder das Radio am Fahrradlenker. Denn das Herz der Bundesliga, das weiß zwischen Duisburg und Dortmund jedes Kind, schlägt im Ruhrpott. Mit Schalke 04, dem BVB 09 und dem VfL Bochum 1848 spielen aktuell drei Revier-Clubs in der ersten Liga. Der Heimatverein ist Kult, Identität und Lebensgefühl in einem. Und die »Kultur des kleinen Mannes«, wie die heimatverbundene Essener Fußball-Legende Otto Rehhagel kürzlich kundtat. Jener Rehhagel übrigens, der 1950 als Spieler beim Zechenclub TuS Helene Altenessen angefangen und sich von hier aus in den Fußball-Olymp gekickt hat: als erfolgreicher Trainer mit Werder Bremen und seit 2001 mit der griechischen Fußballnationalmannschaft.

Titel und Triumphe, Tränen und Tragödien und nicht zuletzt jene Tore, die den Mythos Fußball im Ruhrgebiet am Leben halten, verbinden sich mit den Fußball-Idolen Ernst Kuzorra und Helmut Rahn – beide echte Typen wie der Kumpel von nebenan und ehrliche Ball-Arbeiter aus dem Pott.

Ernst Kuzorra, als Sohn eines aus Ostpreußen stammenden Bergmanns in Gelsenkirchen-Schalke geboren, hat sein Leben lang ausschließlich für den FC Schalke 04 gespielt und ist auch in Schalke gestorben. Sechs Mal führte er die Gelsenkirchener Knappen zwischen 1934 und 1942 als Kapitän zur Deutschen Meisterschaft, einmal zum Pokalsieg. 1950 hängte er die Fußballschuhe an den Nagel, nachdem er allen Abwerbeversuchen anderer Clubs Stand gehalten hatte. Noch heute erinnern die Königsblauen mit ihrer Postanschrift – Ernst-Kuzorra-Weg 1 – an den berühmten Sohn.

ANSEHEN
Schalke-Museum zur Geschichte des Kultvereins
Öffnungszeiten:
Di–Fr 10–19, Sa/So 10–17 Uhr, Mo geschlossen
Tel.: 0209.3892-900
museum@schalke04.de
schalke04.de

MERKEN
Touren durch die Knappen-Arena auf Schalke
veltins-arena.de
Anmeldung
Tel.: 0209.3892-900
tour@veltins-arena.de

Ernst Kuzorra (li) und Reinhard Libuda vom FC Schalke 04 in ihrem Tabakwaren-Laden in Gelsenkirchen-Schalke an der Glückauf-Kampfbahn in den 1970er Jahren

> »Aus dem Hintergrund müsste Rahn schießen, Rahn schießt, Tooor, Tooor, Tooor, Tooor!!!« *Heribert Zimmermann*

Helmut Rahn wuchs als einer von vier Söhnen einer Bergmannsfamilie im Essener Stadtteil Frohnhausen auf – in einer Welt zwischen Maloche, Bolzplatz und Stammkneipe. Seine Karriere hatte er beim SV Altenessen 1912 begonnen, die ersten Fußballschuhe mussten ab gestottert werden. Bei Rot-Weiss Essen feierte er zwischen 1951 und 1959 seine größten Erfolge, darunter den DFB-Pokalsieg 1953 und die Deutsche Meisterschaft 1955.

Mit dem »Wunder von Bern« ist Rahn, genannt »der Boss«, im legendären Fußball-WM-Jahr 1954 in die Annalen der Fußballgeschichte eingegangen. Im Finale der Fußballweltmeisterschaft gegen die hoch favorisierten Ungarn hatte Rahn mit der Deutschen Nationalmannschaft nach einem 0:2-Rückstand das 1:2 vorbereitet, den Ausgleichstreffer zum 2:2 und mit dem Siegtreffer zum 3:2-Endstand auch noch das entscheidende Tor geschossen. Der Titelgewinn war im Nachkriegsdeutschland eine Sensation. Rahns Treffer gilt als das bedeutendste Tor der deutschen Fußballgeschichte – ein Tor für die

Empfang von Helmut Rahn 1954 am Rathaus Essen

BILDER FOLGESEITEN

S. 106–107 Willy van Heekern: Fußballspiel vor der August-Thyssen-Hütte, um 1939
S. 108-109 Fußball: Heimat, Kult und Lebensgefühl in einem

FC

ALK

MERKEN
BVB-Extratour zu den wichtigsten Stationen des Traditionsvereins
Dortmund Tourismus
dortmund-tourismus.de
Anmeldung
Tel.: 0231.18999-444

»Der Ball fällt mich vor die Füße, genau auf dem rechten. Zwei Ungarn stürzen sich auf mich zu. So richtig mit Gewalt. Ich lass se kommen und zieh dann die Kirsche schnell von'n rechten auf'n linken Fuß. Und da – Mann, ich seh' et noch wie heute – hab' ich dat ganze Gelände vor mich. Ich zieh' ab mit dem linken Fuß, und dat gibt so'n richtigen gefährlichen Aufsetzer. Wat dann passiert is, wisst ihr ja.«

Helmut Rahn musste in den Essener Kneipen immer wieder die Geschichte seines legendären Treffers beim WM-Finale von 1954 erzählen – bei einem Pils, versteht sich.

Ewigkeit, das Deutschland endgültig aus der Nachkriegsdepression und in die Wirtschaftswunderzeit schoss.

Im Stadtteil Frohnhausen, nur einen Steinwurf von der Autobahn entfernt, hatte Helmut Rahn bis zu seinem Tod im Jahr 2003 gewohnt. Angebote von großen europäischen Clubs hatte jener Stürmer, der in den fünfziger Jahren zu den besten der Welt gehörte, mit schöner Regelmäßigkeit ausgeschlagen. Während sich die anderen Spieler als »Helden von Bern« in Szene setzten, blieb der

Der WM-Schuh von Helmut Rahn in Bronze gegossen.

rechte Seite: Gästebuch aus den 1950er Jahren

medienscheue Boss seiner Heimatstadt Essen treu. Mit einem seiner Brüder eröffnete er einen Gebrauchtwagenhandel und entspannte lieber im Schrebergarten, als Interviews zu geben. Man traf den Eigenbrötler in seiner Stammkneipe, der »Friesenstube« mitten in Frohnhausen, wo ihn die Kumpels immer wieder anbettelten »Helmut, erzähl mich dat Tor«. Meist hatte Rahn keine Lust, die immer gleiche Geschichte von früher zu erzählen, und wenn er es tat, dann kurz und bündig. Selbst die 54er-Mannschaftstreffen mied er irgendwann. Die Anfrage, als Berater für die Dreharbeiten zu Sönke Wortmanns Film »Das Wunder von Bern« mitzuwirken, konnte ihn ebenfalls nicht locken.

Am 16. August 2009, dem Tag, an dem Helmut Rahn 80 Jahre alt geworden wäre, trafen sich seine Fans zu einer Gedenkveranstaltung am Grab der Fußball-Legende auf dem Essener Margarethenfriedhof und schwelgten in nostalgischen Zeiten.

Bei den Fans steht genau jenes Zeitalter hoch im Kurs, als im Ruhrgebiet noch mit Herz und Leidenschaft Fußball gespielt wurde. An die bewegenden Höhepunkte erinnern Fußballmuseen, Touren und Führungen zu mythischen Schauplätzen, eine Fußball-Route und demnächst auch die Lärmschutzwand an der A 40 in Essen mit Sprüchen aus der legendären Hörfunk-Reportage von der WM 1954.

MERKEN
Spurensuche im Borsigviertel: Fußballhistorischer Rundgang zu den Originalschauplätzen der Gründungsgeschichte des BVB 09
borsigplatz-verfuehrungen.de
Anmeldung
Tel.: 0231.9818860

ANSEHEN
Kult! Riesige Nachfrage, deshalb rechtzeitig Tickets sichern für die »Borussia-Revue« im Schauspielhaus Dortmund
Termine bis Mitte 2010
theaterdo.de

GELSEN-KIRCHENER BAROCK

GRANDEZZA FÜR ZUHAUSE

»Antike Anrichte von meiner Uhroma von ca. 1920, sauschwer«. Angebote wie dieses tauchen auf, tippt man im Internet-Auktionshaus Ebay unter »Antiquitäten & Kunst« den Begriff Gelsenkirchener Barock ein. Breit geschwungen, mit üppigen, wulstigen Fronten und einer überbordenden Gemütlichkeit wie ein Sprit fressender amerikanischer Geländewagen, war der Wohnküchenschrank bis spät in die Wirtschaftswunderjahre hinein ein absolutes »must have«. Mit harter Arbeit verdient, eroberten die zentnerschweren Möbel-Monster sämtliche Zechensiedlungen des Reviers – in hochglanzpoliertem Nussbaum oder häufiger, da preiswerter, in poliertem Nadelholz. Der neue Möbeltyp war Statussymbol schlechthin und Ausdruck eines bescheidenen Wohlstands, finanziert auf Pump. In die goldverzierte Glasvitrine im Oberteil des Buffets wurden Sammeltassen auf Spitzendeckchen und Salzstangenhalter an Bowleschüsseln dekoriert – und mitten durch die industrialisierte Arbeitswelt wehte ein Hauch von Dolce Vita. Für bürgerliche Intellektuelle ist der Gelsenkirchener Barock noch heute Schlagwort für schlechten Geschmack und Inbegriff spießiger Behaglichkeit.

G

GELSEN-KIRCHENER BAROCK

Anfang der 1990er Jahre hatte die Stadt Gelsenkirchen endgültig die Nase voll. Sie wollte einen dicken Schlussstrich ziehen. Jahrzehntelang hatte sie als Prügelknabe für geschmackliche Entgleisungen herhalten müssen. Gelsenkirchener Barock – was hieß das schon? Das Möbel kam aus ostwestfälischen Tischlereien und wurde in ganz Deutschland gekauft. Auf angenehm selbstironische Weise stellte sich das Städtische Museum mit der Ausstellung »Gelsenkirchener Barock« jenem Schmähwort in einer Art kritischer Vergangenheitsbewältigung.

Präsentiert wurde eine wahre Reliquiensammlung des schlechten Geschmacks – die ganze Palette vom brokatbezogenen Telefon bis zum Ölbild mitsamt zentimeterdickem Goldrand, Motiv »Röhrender Hirsch«. Das wichtigste Exponat kam gleich dutzendfach daher: Rund 50 verschiedene Modelle eben jenes mal mehr, mal weniger aufgeplusterten Wohnküchenschrankes. Gängige Exemplare mit massiven gläsernen Schütten für Zucker und Mehl und mit Brot- und Vorratsfach nebst festmontierter Kaffeemühle, aufwändigere Büffets mit verspiegeltem Barfach samt eingebauter Beleuchtung und lindgrünen Kunstharzfliesen im Oberschrank.

Auch die Entstehungsgeschichte des Begriffs wurde wissenschaftlich rekonstruiert. Das Schmähwort war in den 1920er Jahren aufgekommen, als in Gelsenkirchen die erste Shoppingmeile in der Innenstadt wuchs: Säulen, Stuck und Ornamente strahlten an den wilhelminischen Hausfassaden der Bahnhofsstraße um die Wette.

Brachten Glanz in den harten Alltag: Möbel á la „Gelsenkirchener Barock"

> »Im täglichen Nahkampf um die nackteste Lebensnotdurft hat das Proletariat noch keine Zeit gehabt, eigene Geschmackskultur zu entwickeln. Wo Ansätze zum Wohnkomfort zu erkennen sind, streben sie nach der falschen, bürgerlichen Seite. Auch meine Gastgeber führen mich in ihr ›gutes‹ Zimmer mit dem Umbau-Sofa und dem Vertiko auf Abzahlung, in das Zimmer, das der Illusion eines bürgerlichen Wohlstandes und der dazugehörigen bürgerlichen Lebenssicherheit dient und sonst kaum einem anderen Zweck.« *Heinrich Kautz*

Damals präsentierten die Gelsenkirchener Neubürger ihren Besuchern die neue Prachtstraße stolz als »Gelsenkirchener Barock« – »in Unkenntnis der künstlerischen Stilepochen«, wie es im Ausstellungskatalog heißt. Mit anderen Worten: Man wusste es nicht besser, aber es hörte sich nach mehr an.

Schnell wurde aus dem milden Spott ein abqualifizierender Kulturbegriff. Vor allem die Anhänger von Bauhaus und Werkbund verachteten den Stil als unzeitgemäß und priesen stattdessen die in ihren Kreisen angesagte schlichte Reformküche als gutes, fortschrittliches Design. Der Gelsenkirchener Barock hingegen fiel als Inbegriff von Geschmacksverirrung und Kulturlosigkeit der Verachtung anheim. Noch 1950 geißelten Vertreter der neuen Sachlichkeit die Möbelungeheuer in XXL abschätzig als »Barock der Armen«. Billig waren diese Parade-Möbel aber keineswegs: Die Raten belasteten die Haushaltskassen der Kumpel oft über Jahre.

Nur die wenigsten Prunkstücke haben die Moderne überlebt. Dabei schienen sie wie für die Ewigkeit gemacht: Vor allem die frühen Möbel zeichneten sich durch hohe Materialqualität und aufwändige Verarbeitungstechniken aus. Mit zunehmender Massenfertigung wurden schließlich nur noch Sperrhölzer und geleimte Leisten für die Fertigung verarbeitet, was sie billiger machte. In den 1970er Jahren löste der Ikea-Purismus die bescheidene Grandezza für den Hausgebrauch endgültig ab. Gelsenkirchener Barock – das roch nach Blumenkohl mit Bratkartoffeln und dem Wohnzimmer von Ekel Alfred in Bochum-Wattenscheid alias Alfred Tetzlaff aus der Fernsehserie »Ein Herz und eine Seele«. Nur Romantiker blieben ihrem pseudobarocken Möbel treu oder solche, die schlicht nicht in der Lage sind, sich des schweren Stücks zu entledigen.

ANSEHEN
Authentischer geht's nimmer: Privat geführtes Heimatmuseum mit Bergbau-Exponaten und Möbeln der Marke Gelsenkirchener Barock. Kultverdächtig!
das kleine museum
Eschweiler Straße 47
45897 Gelsenkirchen
Tel.: 0209.594659 und 0172.5213869
daskleinemuseum@aol.com
zeche-hugo.de
Öffnungszeiten:
Di 10–18 Uhr u. n. V.

BILDER FOLGESEITEN
S. 116–117 Peter Kleu: Im Wohnzimmer einer Bergarbeiterfamilie, 1959
S. 118–119 Fenster in einer Dortmunder Zechensiedlung, 1989

GLÜCK AUF!
KULT UND NOSTALGIE

Glück auf! Wohl kein Gruß ist so bekannt wie jener der Bergleute. Doch selbst im Ruhrgebiet wissen viele nicht, woher er kommt und was er bedeutet. In Sachsen war's, im 16. Jahrhundert. Glück zu! hieß damals der Begegnungsgruß. Und wir? fragten die Knappen, die im Erzgebirge nach Silber gruben. Denn sie wünschten sich Fundglück und dass der Berg sich auftun möge: »Glück, tu die Gänge auf und nicht zu!« So entstand Glück auf! – der ab 1680 übliche Bergmannsgruß, den 150 Jahre später selbst der große deutsche Dichter Johann Wolfgang von Goethe – als Staatsminister in Weimar zuständig für den Bergbau – gern gebrauchte. Eben jener Gruß, den nicht nur Bergleute, sondern auch Tunnelbauer und andere Berufsgruppen bis heute gebrauchen. Im Ruhrgebiet gehört das Glück auf! längst in die Kategorie »Kult und Nostalgie« und macht eine Art Erfrischungskur durch. Auch wenn die Berg- und Knappenvereine langsam aussterben – das »Glück auf-Lied«, jenes uralte deutsche Bergmannslied, das eigentlich Steigerlied heißt, ist partout nicht totzukriegen. Die Schalke-Fans singen es bei ihren Heimspielen, und auch Herbert Grönemeyer singt zwei Strophen als Intro vor seiner Revierhymne »Bochum«. Und alle, alle singen mit. Ob textsicher oder nicht.

G

GLÜCK AUF!

Glück auf! – dieser alte Bergmannsgruß hat die Welt im Ruhrgebiet jahrzehntelang in Reformer und Nostalgiker gespalten. Was für die einen Happening und lustvoll zelebrierter Heimatkult ist, bereitet anderen schlimmes Bauchweh. Landesvater Johannes Rau hatte bei offiziellen Anlässen im Ruhrgebiet noch gerne mitgesungen, manchmal sogar den Taktstock geschwungen, wenn die Bergmannskapelle das Steigerlied anstimmte. Sein Nachfolger Wolfgang Clement hat das Lied bekanntermaßen gehasst und heimlich drei Kreuze gemacht, wenn die letzte Strophe endlich verklungen war – zu vergangenheitsorientiert waren dem ungeduldigen Pragmatiker die singenden Bergleute. Mit der neuen NRW-Landesregierung unter Ministerpräsident Rüttgers wurde das Lied aus dem Kanon öffentlicher Auftritte verbannt. Glück auf – das war's. Der Steiger kommt nicht mehr, der Kohleausstieg ist besiegelt.

Glück auf! – der Gruß klingt heute genauso butterweich nach Heimatnostalgie wie Grubenlampe oder Kohlenlore. 150 Jahre lang war er

STEIGERLIED

Glück auf, Glück auf, der Steiger kommt.
|: Und er hat sein helles Licht bei der Nacht, :|
|: schon angezünd't :|

Schon angezünd't! Das wirft seinen Schein,
|: und damit so fahren wir bei der Nacht, :|
|: ins Bergwerk ein :|

Ins Bergwerk ein, wo die Bergleut' sein,
|: die da graben das Silber und das Gold bei der Nacht, :|
|: aus Felsgestein :|

Aus Felsenstein, hau'n wir das Gold,
|: doch dem schwarzbraunen Mägdelein, bei der Nacht, :|
|: dem sein wir hold :|

Ade, nun ade! Lieb' Schätzelein!
|: Und da drunten in dem tiefen finst'ren Schacht, bei der Nacht, :|
|: da denk' ich dein :|

Und kehr ich heim, zum Schätzelein,
|: dann erschallet des Bergmanns Gruß bei der Nacht, :|
|: Glück auf, Glück auf! :|

Plakat von 1890

das »Hallo« der Bergleute: bei der Einfahrt in die Welt unter Tage, der Arbeit im Stollen oder Schacht und wenn es wieder nach oben ging. Glück auf – das war die Hoffnung, nach der Schicht wohlbehalten aus der Grube auszufahren und zu Frau und Familie zurückzukehren. Und genau darum dreht sich das Steigerlied aus dem Jahr 1840, von dem man bis heute nicht weiß, woher und von wem Text und Melodie stammen. Inzwischen gehört es zum nationalen Volksliedgut.

Gesungen wird das Steigerlied heute lauter denn je, zumindest in den Fußballarenen: traditionell vor allen Heimspielen des FC Schalke 04 und von Rot-Weiss Essen schallt die Hymne durch die Reihen. Altgediente SPD-Mitglieder kennen alle Strophen auswendig: Nach 1945 gehörte das Steigerlied zum Gesangsrepertoire der Gewerkschaften und zur Begleitmusik der Sozialdemokratie. Noch heute erklingen

HÖREN
Am 5. Juni 2010 singt das ganze Ruhrgebiet – natürlich im Chor! Abends gibt's ein riesiges Abschlusskonzert auf Schalke.
ruhr2010.de/sing

bei SPD-Parteitagen die ersten Takte just in dem Moment, wenn die Titanen samt Begleit-Tross in die Arena einmarschieren. Glück auf, der Kandidat kommt!

Einer der glühendsten Glück auf!-Interpreten ist übrigens Martin Kippenberger (1953–1997) gewesen. Der großartige Künstler war in Essen als Sohn eines kunstsinnigen Zechendirektors aufgewachsen und hat jede seiner fast einhundert Ausstellungen – ob in der Tate Modern in London oder im San Francisco Museum of Modern Art – mit dem Steigerlied eröffnet. Und auf diese Weise dem versammelten Vernissage-Publikum aus aller Welt eindrucksvoll demonstriert, woher er kam. Der rastlose Künstler, dem das Museum of Modern Art in New York 2009 eine viel beachtete Retrospektive widmete, war unheimlich stolz auf sein »Ruhrjebiet«. Hierzulande ist der »verlorene Sohn« fast völlig in Vergessenheit geraten. Mit seiner Kunst nach dem

Motto »Glück auf, der Künstler kommt!« konnte man an der Ruhr selbst nichts anfangen.

Dass nicht das ganze Ruhrgebiet jederzeit nur das Steigerlied singt, gehört der Vollständigkeit halber auch gesagt. Denn nahezu jeder scheint hier organisiert zu singen – ob im Kirchenchor, Männergesangsverein oder in einer »Vocal Crew«. Kein Wunder, reichen doch die kulturellen Wurzeln dieser Vielstimmigkeit weit zurück ins frühe Mittelalter, als von »Glück auf« noch längst keine Rede war. In der Benediktinerabtei Werden, die heute zur Stadt Essen gehört, entstand um 900 eine Handschrift, die als das älteste Zeugnis mehrstimmiger Musik im Abendland gilt. Die »Musica et scholica enchiriadis«, wie die musikhistorische Sensation heißt, ist eine Anleitung des Abtes Hoger zum Verfassen mehrstimmiger gregorianischer Choräle. Glück auf und Halleluja!

ANSEHEN
Die Essener Domschatzkammer präsentiert die »Musica enchiriadis« in einer Ausstellung.
vom 1. Februar
bis 31. Juni 2010
Burgplatz 2
45127 Essen
domschatz-essen.de

Tradition, Kult und Nostalgie: Kein Fest ohne Steigerlied

HALDE
AUS ALTLAST WIRD INDUSTRIAL LAND ART

Die alten Halden des Reviers sind die neuen Kultplätze des Ruhrgebiets: Stimmungsvolle, meist ein wenig abseits gelegene Orte, an denen man sich zu allen möglichen Veranstaltungen trifft – zum Betrachten der Sonnenfinsternis, zu Sylvesterpartys oder auch zu einer Heiligen Messe. Besonders im Norden des Reviers reiht sich Halde an Halde zu einer bizarren Hügellandschaft, liebevoll-spöttisch auch »Alpen des Reviers« genannt. Doch wer am Wochenende den Haldengipfel zu Fuß, mit dem Fahrrad oder per futuristischem Segway erklimmt, der merkt meist gar nicht, dass er auf einem künstlichen Berg steht. Denn jene Halden sind keine eiszeitlichen Relikte, sondern Altlasten der jüngsten Bergbauepoche. Es war nämlich durchaus nicht nur schwarzglänzende Kohle, was die Bergleute im Akkord aus der Erde herauskratzten, sondern auch jede Menge taubes Gestein; Bergematerial, das keiner brauchte und einfach neben den Schächten aufgeschüttet wurde – betreten verboten. Heute sind fast alle der mehr als 100 Bergehalden nicht nur begrünt; einige sind auch künstlerisch gestaltet und als »Industrial Land Art« leuchtende Symbole für die Überwindung der tiefschwarzen Vergangenheit.

H

HALDE

MERKEN
Haldentouren mit dem Segway
fun-mobility.de

Was tun mit den unzähligen Halden im Revier? Als der Pott noch kochte, war die Frage nicht wirklich wichtig. Die künstlichen Berge waren hässlich. Na und? Das taube Gestein wieder zurück in die Erde zu schaffen war den Zechengesellschaften zu teuer. Also blieben die Halden, wo und was sie waren. Als in den 1970er Jahren das Umweltbewusstsein aufkam, war rasch eine rettende Idee geboren: »Hilfe durch Grün«.

Gestandene Förster aus Süddeutschland waren es, die dem Revier in Sachen Haldenbegrünung schließlich auf die Sprünge halfen. Doch das Experiment war nicht so einfach wie zunächst gedacht, denn auf den spitzkegeligen Bergen fanden die jungen Pflanzen keinen Halt. Gemeinsam entschied man, neue Halden künftig flacher aufzuschütten. Die Halden der zweiten Generation erinnern an terrassierte Tafelberge und Kenner entfernt an die Weinregion Kaiserstuhl in Baden-Württemberg. Robuste Baumsorten und Büsche, so genannte Ansitzjulen für Greifvögel samt geschwungenen Wegen für Spaziergänger und Radfahrer gehörten fortan zum festen Inventar all jener Halden, denen man ihre mühevolle Begrünung heute kaum noch ansieht.

»Es könnte wohl so kommen, dass man von weither reiste, nur, um das faszinierende Schauspiel einer Bahnfahrt durch das gestaltete Ruhrland zu genießen.« *Werner Graeff*

MERKEN
Ausstellung zur Landschaftskunst
Termine:
12. Mai – 5. September 2010 (Malerei und Grafik)
10. September – 21. November 2010 (Fotografie und Neue Medien)
Situation Kunst – für Max Imdahl
Nevelstr. 29c (im Parkgelände von Haus Weitmar)
44795 Bochum
Tel.: 0234.2988901
Mi und Fr 14–18
Sa und So 12–18
situation-kunst.de
Führungen nach Vereinbarung

Bereits 1952 hatte der Künstler Werner Graeff mit seinen Gedanken zur »Farbigen Ruhrlandgestaltung« einen künstlerischen Umgang mit den industriellen Hinterlassenschaften formuliert, die heute als Beginn der »Industrial Land Art« im Ruhrgebiet gelten. Auch internationale Künstler wie Yves Klein und Künstlervereinigungen wie der »junge westen« engagierten sich in der Region, die »als größte künstliche Landschaft die Chance hat, zum größten Kunstwerk der Welt zu werden«. So optimistisch formulierte es 1968 der Düsseldorfer Künstler Ferdinand Kriwet in seinem »Manifest zur Umstrukturierung des Ruhrreviers zum Kunstwerk« und regte an: »Die künstlichen Berge, Hügel, Anhäufungen der Kohlehalden sollen zu farbigen, leuchtenden, goldenen, silbernen Pyramiden, Kuben und Kegeln werden.«

Ein Vierteljahrhundert später wurde aus dieser Vision tatsächlich Wirklichkeit – zumindest ansatzweise. In den 1990er Jahren

BILDER FOLGESEITEN
S. 129 Grubenlampe in XXL: „Das Geleucht" von Otto Piene auf der Halde Rheinpreussen
S. 130–131 Tripp, Anton: Halde bei der Zeche Lothringen, Bochum 1962
S. 132–133 »Sternentheater« auf der Halde Hoheward bei Recklinghausen

PUMA

ANSEHEN
Halde Hoheward/
Hoppenbruch
Ewaldstraße/
Im Emscherbruch
45699 Herten-Süd
landschaftspark-
emscherbruch.de

ANSEHEN
Halde Rheinpreußen
Gutenbergstraße
47443 Moers
Öffnungszeiten Turm:
Nov-März, Sa, So,
feiertags 13–16 Uhr
Illumination
des Geleuchts:
Nov.-März 18–21 Uhr

ANSEHEN
Schurenbachhalde
Emscherstraße
45329 Essen-Altenessen

begann jene Phase, in der nicht mehr grüne Verkleidung als Mittel zur Umwandlung des Kohlenreviers gefragt war, sondern kunstvolle Inszenierung.

Bekanntestes Beispiel ist die fast 50 Meter hohe Schurenbachhalde an der Stadtgrenze von Essen nach Gelsenkirchen. Drei Jahrzehnte lang hat die Ruhrkohle AG hier insgesamt 25 Millionen Tonnen Abraum aus verschiedenen Zechen aufgeschüttet. Als Mitte der 1990er Jahre Schluss war, wurde der äußere Haldenring begrünt, das riesige Plateau aber blieb frei. Hier ragt seit 1999 die »Bramme für das Ruhrgebiet« von Richard Serra in den Himmel. Für den New Yorker Künstler, der jahrelang seine Stahlskulpturen in einem Hattinger Stahlwerk walzen ließ, war die Bramme eine Hommage an die Region. Die Fertigung der »Bramme für das Ruhrgebiet« hatte Stella allerdings der französischen Firma Creusot-Loire-Industries überlassen müssen – im Hattinger Stahlwerk war dies bereits nicht mehr möglich.

Heute entwickelt geradezu ein Heer von Landschaftsarchitekten immer neue Ideen für die Inszenierung der Revier-Halden. 2008 wurde auf dem Gipfel der Halde Hoheward ein Horizont-Observatorium eingeweiht, es folgten Balkonpromenade, Himmelsstiegen und eine Horziontal-Sonnenuhr samt Obelisk.

Unbedingt sehenswert ist das von dem Künstler Otto Piene auf der Halde Rheinpreussen bei Moers errichtete »Geleucht«. Der rot leuchtende Turm in Form einer überdimensionalen Grubenlampe der Bergleute ist Licht- und Landschaftskunst in einem und strahlt weit ins Land hinaus.

Mit einer Ausstellung zum Thema Landschaftskunst soll im Mai 2010 in Bochum ein neues Ausstellungsgebäude der »Situation Kunst« eröffnet werden. Als Teil der Sammlungen moderner Kunst der Ruhr-Universität mit Sitz im Park von Haus Weitmar thematisiert sie seit den späten 1980er Jahren die Wirkung von Außenraumskulpturen. Ideengeber war Alexander von Berswordt-Wallrabe, der mit der nebenan ansässigen »Galerie m« die langjährige Europavertretung Richard Serras inne hat.

BILDER FOLGESEITEN
S. 135 Mit der Halde auf du und du: Wohnhaus bei der Zeche Helene, Essen 1965
S. 136–137 Richard Serras Bramme für das Ruhrgebiet

S+M

HEILIGE BARBARA

KUMPEL ANTON SEINE MUTTER

Lange, bevor die Heilige Barbara von der Fassade des alten Ruhrkohle-Hauses in Essen abgenommen wurde, lag der Schutzpatronin die ganze Welt des Ruhrbergbaus zu Füßen. Sie nämlich war es, die den frommen Knappen gegen die Angst half, verschüttet zu werden. Keine andere Frau weit und breit haben die Kumpel so verehrt – übrigens auch die einzige Frau, die unter Tage etwas zu suchen hatte. In fast jedem Bergwerk gab es einen Barbaraschrein mit ihrem Standbild, in vielen Zechenhäusern auch Andachtsmotive, Statuen oder einen kleinen Altar, geschmückt mit Blumen und Kerzen. Der Legende nach soll die bildschöne Königstochter aus dem Morgenland die meiste Zeit ihres kurzen Lebens in einem Turm verbracht haben, da sie sich weigerte, dem christlichen Glauben abzuschwören. Ihre tragische Lage, gefangen zu sein, verbindet sie mit den Bergleuten während der Schicht. Die Heilige Barbara beschützt vor plötzlichem Tod, Not und Gefahr. Ihr zu Ehren feiern Kumpel in Bergbaurevieren traditionell am 4. Dezember, ihrem Todestag, das Barbara-Fest. Dann wird die Kultgestalt der Bergleute in unzähligen Bergmannsliedern besungen – in einem Atemzug mit dem heiteren Bergmannsgruß: Glück auf, Heilige Barbara!

H

HEILIGE BARBARA

Viele Bräuche und Anekdoten ranken sich um die bildschöne junge Barbara. Vom eigenen Vater eingesperrt, gefoltert und schließlich enthauptet, wurde die Märtyrerin, die im 4. Jahrhundert gelebt haben soll, eine der 14 Nothelfer. Unzählige Bildwerke wurden der Heiligen gewidmet, deren wichtigstes Attribut der Turm ist – neben dem Buch, der Bibel, auch Krone und Kelch, Palmenzweig und eben jenes Schwert, mit dem sie enthauptet wurde. Viele Künstler haben sich ein Bild von ihr gemacht – von einem zupackenden einfachen Mädchen bis zur madonnenhaften Nothelferin.

Einwanderer aus Bergbaugebieten Oberschlesiens, Polens, Tirols und im Harz hatten den Kult um die christliche Märtyrerin als »Barbuka«-Fest ins aufstrebende Ruhrgebiet gebracht. Doch bereits ein Benediktiner-Kalender des 10. Jahrhunderts, der in der Abtei Werden entstand, erzählte die Leidensgeschichte der Heiligen Barbara.

Bis heute hat die Heilige Barbara ihr Revier im Ruhrgebiet – sozusagen als Heilige der Industrie und Mutter aller Kumpel. Jahr für Jahr feiern Kirchengemeinden, Knappenvereine, Bergwerksorchester, Chöre und Zechenbelegschaften am 4. Dezember den Barbaratag. Oft stehen dann die Förderräder still und der Schutzpatronin wird mit einem bergmännischen Umzug gedacht. Nach alter Tradition schneidet man am Barbaratag Zweige von Obstbäumen. Die Barbarazweige sollen bis zum Weihnachtsfest blühen. Bei der Neueröffnung einer Zeche gedachte man der Heiligen Barbara mit einem Festumzug.

Wer genau hinsieht, entdeckt im Ruhrgebiet noch heute Gemälde, Statuen und Bleiverglasungen mit der Heiligen Barbara. Kaum eine Stadt kommt ohne Barbara-Straße, -Kirche oder -Vereinshaus, Barbara-Krankenhaus und Barbara-Apotheke aus. Viele Bergmanns-

> »Zu schwerem Werk wir fahren
> hinab den dunklen Schacht.
> Du mögest uns bewahren
> in tiefer Bergesnacht.«
>
> *Aus einem alten Bergmannslied*

ANSEHEN
Große Abteilung zur Geschichte der Heiligen Barbara im Deutschen Bergbau-Museum.
Im Museumsshop gibt es Barbara-Figuren als Souvenir.
Deutsches Bergbau-Museum Bochum
Am Bergbaumuseum 28
44791 Bochum
Telefon: 0234.5877-0
bergbaumuseum.de

MERKEN
Bochumer Knappentag
Große Barbara-Feier des Deutschen Bergbau-Museums mit dem Landesverband der Berg- und Knappenvereine. 45 Knappenvereine, 600 Bergknappen, Fahnen- und Fackelträger in Tracht und sechs Spielmannszüge nehmen an der farbenprächtigen Bergparade teil.
Termin: 10. Dezember 2010 (jährlich am zweiten Freitag im Dezember, 16.30–20.00 Uhr)
bergbaumuseum.de

BILDER FOLGESEITEN
S. 141 Eine Heilige Barbara aus der Sammlung von Thomas Rother.
S. 141–143 Aufbahrung der Heiligen Barbara: Die Skulptur war Teil eines Natursteinreliefs von Prof. Joseph Enseling und hing an der Fassade des ehemaligen Verwaltungsgebäudes der Ruhrkohle AG in Essen. Kurz vor dem Abriss hat der Künstler Thomas Rother die Heilige Barbara gerettet und im Kunstschacht Zollverein zwischengelagert.

ST. BARBARA

ANSEHEN
Barbara-Sammlung im Atelier des Künstlers Thomas Rother
Kunstschacht Zollverein
Zollverein Schacht 1/2/8
Bullmannaue 21
45327 Essen
Tel.: 0201.304881 (lange klingeln lassen)
Öffnungszeiten: Sa/So 11–13 und 15–17 Uhr sowie nach telefonischer Vereinbarung

familien besitzen Sammlerstücke, die bei Dienstjubiläen verliehen wurden: Urkunden, Plaketten, Medaillen, Statuen. Gut zwei Dutzend solcher Barbara-Figuren haben ihren Platz in dem sehenswerten Atelier des Künstlers Thomas Rother im Kunstschacht Zollverein gefunden, der mit der Geschichte der Region arbeitet.

Traditionelle Bergparade mit der Heiligen Barbara beim alljährlichen Knappentag im Deutschen Bergbau-Museum Bochum

HEIMAT
KEIN SCHÖNER LAND ...

»Hübsch-hässlich habt ihr's hier!« Dieser Kommentar wäre dem großen Schauspieler Heinz Rühmann bei einer Tour de Ruhr mitsamt Besuch seiner Geburtsstadt Essen leicht über die Lippen gekommen. Die Hässlichkeit des Ruhrpotts ist sprichwörtlich und das am besten gepflegte Urteil. Tatsächlich hat eine Stadt wie Essen im fieberhaften Tempo der Industrialisierung kaum Zeit gehabt, Atem zu holen, ausgefeilte Bebauungspläne und Sinn für Schönheit zu entwickeln. Im Ruhrgebiet hat es nie einen Stadtbaumeister wie den französischen Präfekten Haussmann gegeben, der das morsche Paris mit einem gigantischen Bauprogramm ab 1860 in eine schöne, neue metropolitane Welt verwandelte. Prächtige Bahnhöfe, Parks und Plätze, baumgesäumte Boulevards samt bürgerlichen Wohnhäusern mit repräsentativen Fassaden sucht man im Kohlengräberland vergebens. Weit und breit kein alter Stadtkern, kein Triumphbogen, kein Stadtschloss und kein Pont Neuf, auf der sich abends die Liebenden treffen. Stattdessen reichlich 08/15-Architektur, öde Orte, verkorkste Plätze, Brachland und großflächige Zersiedelung. Vieles ist Erblast der Industrie oder im Krieg zerstört, nach 1945 hastig zusammengezimmert und immer wieder Ergebnis mangelnden Bewusstseins für Baukultur.

H

HEIMAT

Beispiele für die Hässlichkeit des Ruhrgebiets gibt es heute en masse. Und der viel zitierten Grönemeyer-Strophe »leider total verbaut« ist auch 30 Jahre später kaum etwas hinzuzufügen. Immerhin hat sich eine Industriestadt wie Essen, die sich als »Ruhrmetropole« für etwas Besseres hält, einige Perlen gestattet. Namhafte Architekten wie Alvar Aalto, Ernst Bode, Egon Eiermann, Georg Metzendorf und jüngst David Chipperfield haben mit dem Museum Folkwang, dem Aalto Theater oder dem Filmpalast Lichtburg beeindruckende baukulturelle Akzente gesetzt. Hochwertige Bauten, die der Stadt immerhin punktuell ein Gesicht geben; nur eine Handvoll Inseln allerdings in jener städtebaulichen Wüste, die jedem, der einmal die Nase in die weite Welt gesteckt hat, Tränen in die Augen treibt.

An die bedrückende Hässlichkeit ihrer Heimat haben sich die Menschen hier keineswegs gewöhnt: Jung wie Alt wünscht nichts sehnlicher als mehr Flair und urbanes Lebensgefühl, Aufenthaltsqualitäten und Stadtverschönerungen – eine richtige Stadt anstelle der zusammengestoppelten Flickenteppiche mit ihren unzähligen gesichtslosen Vorortsiedlungen und wenig atmosphärischen Innenstädten. Kein Wunder, dass es immer mehr wegzieht; vor allem junge Familien suchen das Weite.

»Die Industriestadt! Es gibt in der Tat im Kohlenrevier diesen Städtetyp, charakterisiert durch die gewissermaßen amerikanische Aufmachung. Der Vergleich, der Erinnerung an die Goldgräberstädte im fernen Westen wachruft, ist in der Tat nicht unberechtigt; denn gleich jenen Vorbildern Amerikas sind auch diese Städte gewissermaßen über Nacht aus dem Boden gewachsen.« *Paul Grabein*

Gerade der Mythos von der atemberaubenden Hässlichkeit des »Rheinisch-Westfälischen Kohlen- und Industriegebiets« hat seit den 1920er Jahren immer wieder Reporter, Journalisten und Schriftsteller in die gigantische Fabriklandschaft zwischen Duisburg und Dortmund gezogen. Egon Erwin Kisch, Heinrich Böll, Joseph Roth und viele andere überboten sich mit wortgewaltigen Beschreibungen des »Kohlenpotts«, des »Barbaricums« an der Ruhr. Hin- und hergerissen zwischen Faszination und Abscheu, berichteten sie mal schwärmerisch-pathetisch, mal kühl-distanziert vom Land der tausend Feuer und der tausend Schächte, dem gigantischen, chaotischen, stinkenden »Moloch Ruhrstadt«.

BILDER FOLGESEITEN

S. 149 Home, sweet home in Gelsenkirchen

S. 150–151 Kleine Fluchten: Strandbad Baldeney, Essen, Anfang der 1960er Jahre

S. 152–153 Kohlengräberstadt: Wilder Westen an der Ruhr

STADT ESSEN

ABLIEFE
Rohprodukte

Es gehört zu den bitteren Wahrheiten, dass das Ruhrgebiet bis heute eine der hässlichsten Regionen Deutschlands ist; auch die heimatstolzen Ureinwohner sind sich dessen durchaus bewusst. Und sprechen das Wörtchen »Ruhrpott« dann besonders trotzig aus. Fremde sollten das Thema unbedingt meiden – in diesem Fall gilt das Gebot der Höflichkeit ausnahmsweise auch hier. Falls doch mal ein falscher Zungenschlag aufkommen sollte, wird man höchstwahrscheinlich mit der Überlebensstrategie des hiesigen Menschenschlages konfrontiert, die da lautet: »Wir sind eben watt Besonderes!« In diesem Fall empfiehlt sich ein verständnisvolles Nicken.

Doch kann man diese Hässlichkeit wirklich aushalten, womöglich lebenslang? Gerade im Ruhrgebiet ist das erstens eine Frage der Gewöhnung und zweitens der kleinen und großen Fluchten. Nicht ohne Grund sind die Menschen »vonne Ruhr« ein wahnsinnig reiselustiges Völkchen: Keiner reist so gern, so oft und so weit – Hauptsache weg. Im Urlaub gefragt, woher man kommt, antwortet man mit »near by Cologne« und erspart sich auf diese Weise umständliche geografische Verortungen durch Nennung berühmter Ballsportvereine. Oder gar mitleidige Blicke nach dem Motto »Guck mal, die kommen aus dem Drecksloch der Nation«. Zumal der namengebende Fluss auch noch verdammt nach Krankheit klingt. Dabei ist ausgerechnet das Tal der Ruhr im landläufigen Sinne richtig »hübsch« – auch wenn in den Ruhrstauseen die Algenpest wütet und den Freizeitseglern das Leben schwer macht.

Weil das Ruhrgebiet im Großen und Ganzen ein hässliches Entlein ist, regt es wie kaum eine andere Region die Fantasie von Stadt- und Raumplanern zu visionären Höhenflügen an. Kaum ein Jahr vergeht, in dem nicht ein neuer Masterplan vorgestellt wird. Der behördliche Gestaltungswille ist schon fast einhundert Jahre alt – so alt wie das erste Konzept für eine Regionalplanung aus einem Guss, das der damalige Beigeordnete der Stadt Essen, Robert Schmid, für den neuen Siedlungsverband Ruhrkohlenbezirk entwickelte. Doch Papier ist bekanntlich geduldig, im Ruhrgebiet ganz besonders.

Inzwischen sind die goldenen Zeiten längst vorbei, als der Pott noch boomte, brauste, kochte. Allerdings ist der Größenwahn seiner Häuptlinge nicht proportional mitschrumpft. Im Gegenteil: Mit starrem Blick auf EU-Fördergelder für strukturschwache Regionen haben sie sich von dem irgendwie wenig Sex versprechenden Namen »Ruhrgebiet« getrennt und firmieren nun als »Metropole Ruhr«. Peinlich berührt von solchem

Etikettenschwindel, hat so mancher Unterhäuptling inzwischen den Rückwärtsgang eingelegt und spricht weniger breitbeinig von einer »Metropole im Werden«.

Wenn es heute um die Neugestaltung der verbrauchten Industrieregion geht, fallen Worte wie Rückbau, Abriss, Flutung. Dafür ist es allerhöchste Zeit. Eine Region, die so massenhaft Einwohner durch Wegzug verliert wie das Ruhrgebiet, muss sich nachhaltig Gedanken für ihr Überleben machen: konsequent umbauen, umnutzen und Marodes wie die einst lieblos hochgezogenen Massenquartiere für tausende Malocher mit der Abrissbirne plattmachen, um sich neu zu erfinden. Es muss ja nicht gleich Klein-Paris sein; ein gut gemachter Plan würde schon reichen.

Stadtpanorama Essen um 1890

HERZKAMMER

LASS MAL,
ICH MACH DATT
SCHON FÜR DICH!

Ruhrgebiet und Pütt, Sozialdemokratie und die väterliche Art, sich um die Sorgen der kleinen Leute zu kümmern – all dies gehörte jahrzehntelang zusammen wie Pech und Schwefel. Der legendäre Vorsitzende der SPD-Bundestagsfraktion, Herbert Wehner, hat gerne den Mythos vom Revier als Herzkammer der Sozialdemokratie beschworen. Was dabei oft vergessen wird: In der Gründerphase war das Ruhrgebiet keineswegs traditionelles Stammland der Sozialdemokraten, sondern eine sozialkatholische Bastion. Die überwiegend katholischen Arbeiter waren in christlich-sozialen Arbeitervereinen organisiert, die von »roten Kaplänen« geleitet wurden – sozial engagierte Priester, die sogar die ersten Massenstreiks im Revier organisierten. Während des Kaiserreichs war meist die Zentrumspartei führend, deren Erbe nach 1945 die CDU antrat. Noch um 1918 war die Mitgliederdichte der SPD in den Revierstädten um die Hälfte niedriger als im Durchschnitt. Erst mit der Krise von Kohle und Stahl in den 1960er Jahren errangen die Genossen im Ruhrgebiet eine politische Mehrheit, die fast vierzig Jahre lang hielt und fortan den Dreiklang von Zeche, Gewerkschaft, Partei zementierte. Bis zum Erdrutsch im Schicksalsjahr der Sozialdemokratie 1999.

H

HERZ-KAMMER

Fast vier Jahrzehnte lang galt das »rote Revier« als Herzkammer der Sozialdemokratie. Ein parteipolitisches Netzwerk, uneinnehmbar und komplett verdrahtet von den Betriebsräten der Montankonzerne bis in den letzten Winkel der Rathäuser. In den 1960er Jahren gewann die SPD eine Übermacht, in einigen Städten und Wahlkreisen vorzugsweise im Norden des Reviers kamen manchmal geradezu sozialistische Ergebnisse von 70 Prozent und mehr zustande. Über Karrieren im öffentlichen Dienst, über lukrative Posten und Positionen entschied zunächst mal das Parteibuch und dann lange nichts. In diesen Zeiten entstand das geflügelte Wort, dass man bei Wahlen auch einen Besenstil aufstellen konnte, sofern das Etikett »SPD« an ihm klebte – er wurde garantiert gewählt.

Dies geschah aber nicht einfach so, sondern weil die SPD es verstand, sich als Partei der Kümmerer und der Organisatoren zu etablieren. Ob im Sport- oder im Kleingartenverein, in Sozialverbänden oder in den Betriebsräten – im vorpolitischen Raum ließen Sozialdemokraten keine Chance aus, Terrain zu besetzen und sich unentbehrlich zu machen. »Lass mal, ich mach datt schon für dich« hieß das Angebot an die kleinen Leute des Ruhrgebiets, die durch die Großkonzerne ohnehin mental an eine fürsorgliche Bevormundung gewöhnt waren. Als Gegenleistung und sicher auch aus tiefer Überzeugung machte man dann bei Wahlen das Kreuz an der richtigen Stelle. Im Gefühl der absoluten Macht haben die Sozialdemokraten dann allerdings regiert, als seien die in der Industriezeit groß gewordenen Revierstädte ihr rechtmäßiger und für alle Zeiten gesicherter Besitzstand. Filz und Vetternwirtschaft, Affären und Misswirtschaft samt ausgeprägter Modernisierungsverweigerung waren die fast logische Folge. Am Ende waren die Kassen leer und die Unzufriedenheit breitete sich aus wie eine Epidemie. Und die rot-grüne Bundesregierung mit Bundeskanzler Gerhard Schröder an der Spitze war für den Geschmack der Traditionswähler im Revier auch nicht gerade eine Empfehlung.

MERKEN
NRW-Landtagswahlen
Termin:
9. Mai 2010

Als die Christdemokraten bei den NRW-Kommunalwahlen 1999 etliche der tiefroten Rathäuser eroberten, setzte in der einstigen Herzkammer ein ernstes Herzflimmern ein. Spektakulär hatte etwa in der ehemaligen SPD-Hochburg Essen der Bürgermeister-Kandidat der CDU, Dr. Wolfgang Reiniger, gleich im ersten Wahlgang die absolute Mehrheit gewonnen und den SPD-Kandidaten Detlev Samland auf die Bank verwiesen. Fast noch sensationeller: In Gelsenkirchen, vormals eine »Besenstiel«-Stadt, gelangte der junge CDU-Politiker Oliver Wittke auf den OB-Sessel – ein historischer Machtwechsel, politischer Schock und Quittung für jahrzehntelange Überheblichkeit.

Bei den Landtagswahlen im Mai 2005 erlitt die alte Tante SPD schließlich einen Herzinfarkt. Nach 39 Jahren Vorherrschaft musste sie den Platz für eine Landesregierung mit einer CDU/FDP-Koalition unter Ministerpräsident Jürgen Rüttgers räumen – auch weil die Revier-SPD keine guten Ergebnisse mehr beisteuerte. Immerhin aber:

Bei den Kommunalwahlen 2009 konnte der Sozialdemokrat Reinhard Paß das Essener Rathaus zurückerobern und auch in Gelsenkirchen waltet mit Frank Baranowski längst wieder ein SPD-Mann. Auch die Rathäuser in Bochum, Mülheim und Dortmund blieben rot – wenngleich sich in Dortmund – jener Revierstadt, die seit 60 Jahren ununterbrochen von der SPD regiert wird – erneut ernst zu nehmende Durchblutungsstörungen abzeichneten: 17 Stunden nach der Kommunalwahl 2009 räumte der SPD-Oberbürgermeister Gerhard Langemeyer ein Haushaltsloch von 100 Millionen Euro ein. Nur wenige Tage darauf war das Defizit auf 230 Millionen Euro angewachsen. Die Verantwortlichen reagierten gelassen: »Wir sind schmerzunempfindlich«, dröhnte der sozialdemokratische Fraktionschef. Ob die Wähler dies auch sind, muss sich weisen.

Think big: Das neue Rathaus in Essen von 1978 – seit den Kommunalwahlen 2009 ist es wieder rot.

BILDER FOLGESEITEN

S. 160–161 Anton Tripp: Plakate zur Bundestagswahl, Essen, 17.9.1961

ard
CDU

Wählt
Wählt

INDUSTRIE-
KULTUR
FABRIKEN ZU KULTURTEMPELN

Unheimliche Orte waren das: Jene rumpelnden und zischenden Vorhöllen mit ihren riesenhaften Maschinen. Heute sind die Fabrikhallen Denkmäler und stille Zeitzeugen des Industriezeitalters, gefragte Kulissen und Spielorte für Kunst und Kultur. In Zechen, Hütten und Kokereien finden Konzerte und Ausstellungen statt, Festivals und Messen, rezitieren Künstler Texte von Kafka und Heinrich von Kleist. Seit 2002 widmet sich die Ruhrtriennale dem Experiment, mit kontrastreichen Inszenierungen Hochkultur zu schaffen – Pflichttermine für Kulturtouristen, die zwischen nacktem Mauerwerk und Maschinen den Wandel des gebeutelten Reviers bestaunen. Die Idee kam an: Unter Leitung des Gründungsintendanten Gerard Mortier war die Triennale von Beginn an ein Publikumserfolg. Am 30. April 2003, 100 Jahre nach ihrer Errichtung als Gaskraftzentrale, wurde aus der Bochumer Jahrhunderthalle die »Montagehalle für die Kunst«. Hier haben Hans Tulodziecki und seine Ex-Kollegen vom »Bochumer Verein für Bergbau und Gußstahlfabrikation« jahrelang Schicht geschoben. Heute steht für die muntere Stammtischrunde fest: »Die Stadt hat noch immer ein Malochergesicht, aber die Macher dieses Kultur-Kraftwerks haben ihre Sache gut gemacht.«

INDUSTRIE-KULTUR

»Dieser Schrott soll Denkmal werden?« Blankes Unverständnis hatte sich noch Ende der 1980er Jahre breit gemacht, als die Pläne mit »HO 3« bekannt wurden: Der älteste erhaltene Hochofen im Revier auf der stillgelegten Henrichshütte Hattingen sollte Museum werden – Industriemuseum. Dass die damals ungeliebten Industrieanlagen ein Stück Heimat sind und zum kulturellen Erbe gehören, dieses Bewusstsein setzte sich nur sehr langsam durch. Denn die offizielle Devise im Ruhrgebiet lautete: Abreißen, aufräumen, alles platt machen! Vieles bleib dann doch erst einmal stehen.

Vor genau vierzig Jahren hatte ganz klein begonnen, was heute als »Industriekultur« leuchtendes Aushängeschild ist. Eine Handvoll Bergbau-»Verrückte«, Künstler und eine Bürgerinitiative hatten sich für den Erhalt einer Jugendstil-Schönheit stark gemacht: die Maschinenhalle auf der Dortmunder Zeche Zollern II/IV. Die Beharrlichkeit war am Ende erfolgreich: 1969 wurde die Halle mit ihrem eindrucksvollen Jugendstilportal unter Schutz gestellt – als erster Industriebau deutschlandweit und in letzter Minute, denn der Abrisstermin stand schon fest. Drei Monate zuvor war bereits das Fördergerüst von Schacht II demontiert worden. Die Rettungsaktion, an der Künstler, Kunsthistoriker, Denkmalpfleger und Architekten beteiligt waren, wurde zur Initialzündung für die Industriedenkmalpflege in Deutschland.

Andernorts hatten die ausgemusterten Industriehallen Fans in der Sozio-, Szene- und Subkultur gefunden. Zum Vorreiter in Sachen Neunutzung wurde die Essener Zeche Carl im Bergbaustadtteil Altenessen – ein Viertel, in dem schon 1973 die letzte Zeche geschlossen worden war. Auch hier hatte sich 1977 eine Bürgerinitiative gegründet – darunter viele Jugendliche und die örtliche evangelische Kirchengemeinde mit ihrem Pfarrer Willi Overbeck. Sie wollten die Schachtanlage von 1855 mit ihren beiden riesigen Malakowtürmen und den Maschinenhäusern in ein Kulturzentrum umwandeln – und auf diese Weise vor dem Abriss retten.

In ungezählten Wochenendschichten haben Freiwillige die Ruinen entrümpelt, gesichert und für das zweite Leben von »Carl« mit Gastronomie und Veranstaltungsräumen grundlegend renoviert. Inzwischen steht das erste soziokulturelle Kulturzentrum des Ruhrgebiets ebenfalls unter Denkmalschutz. Zu seinem legendären Ruf hat auch der ehemalige Tresenmann Uwe Lyko beigetragen, der in der Zeche Carl seine Geburtsstunde als Herbert Knebel feierte – als Insider-Tipp vor kaum mehr als ein paar Dutzend Leuten. Ge-

BILDER FOLGESEITEN

S. 165 Neues Leben in den Fabriksälen des Reviers: Künstler des ChorWerkRuhr

S. 166–167 Fabrikhalle der Firma Krupp in Essen um 1915

S. 168–169 Angriff auf die Sinne: Konzert in der Bochumer Jahrhunderthalle

MERKEN
Alte Lohnhalle
Kultur- und
Tagungshotel
Rotthauser Straße 40
45309 Essen
Tel.: 0201.384570
alte-Lohnhalle.de

meinsam mit seinem »Affentheater« arbeitete er sich von Altenessen aus hoch in republikweit ausverkaufte Hallen.

In Bochum war es die legendäre »Zeche« an der Prinz-Regent-Straße, die vom stillgelegten Bergwerk zur Kulturstätte umfunktioniert wurde – übrigens ganz ohne öffentliche Zuschüsse. Begründet von zwei Zechen- und Musikliebhabern, hatte der Club 1981 seine Pforten geöffnet und schrieb fortan Musikgeschichte – mit fast drei Dutzend Rockpalast-Aufzeichnungen und unvergessenen Konzerten, darunter Tina Turner, Rio Reiser, BAP, Die Ärzte, Simply Red und Herbert Grönemeyer, als er sich in der Öffentlichkeit noch frei bewegen konnte.

Überhaupt haben immer mehr Unternehmer die Industriehallen mit ihrer »Aura des authentischen Ortes« entdeckt – sei es als spektakuläres Ambiente für ein Restaurant wie das Casino Zollverein in Essen, für ein Hotel wie die Alte Lohnhalle in der ehemaligen Essener Zeche Bonifacius oder für den Revue Palast Ruhr, eine Unterhaltungs-Show in der ehemaligen Hertener Zeche Ewald.

MERKEN
Die spektakulärste
Restaurant-Location:
Casino Zollverein
Casino Zollverein
Gelsenkirchener
Straße 181
45309 Essen
Tel.: 0201.830240
casino-zollverein.de
Öffnungszeiten:
täglich außer montags
11.30–00.00 Uhr

In den 1990er Jahren war die Nutzung von Industriehallen für Kultur und Hochkultur nach und nach salonfähig geworden. Geradezu wegweisend hatte das Festival »Musik im Industrieraum« auf das Wechselspiel zwischen klassischer Musik und Architektur gesetzt. Die Konzerte in der damals noch nicht sanierten Jahrhunderthalle Bochum fanden im wahrsten Sinne des Wortes Anklang, denn das Publikum war gleichermaßen neugierig auf die Kunst wie auf die Orte selbst. Erstmals hatte man bei diesen Anlässen Gelegenheit, die jahrzehntelang nicht zugänglichen Arbeitsstätten zu betreten und als »Fabriksaal« neu zu erleben. Dabei waren die Veranstaltungen nicht selten Expeditionen in ein Abenteuer: Hallen ohne jegliche Heizung oder Garderoben muteten Künstlern wie Besuchern ein Höchstmaß an Idealismus, Erfindungsreichtum und Großmut ab. Geliebt wurden sie wohl gerade deswegen.

MERKEN
Ruhrtriennale:
zweimonatiges Festival
der Künste in den Fabriksälen des Ruhrgebiets,
jährlich im Herbst.
Programm:
ruhrtriennale.de

Für Sanierung, Erhalt und Neunutzung hochrangiger Industriedenkmale setzt sich seit 1995 auch die Stiftung Industriedenkmalpflege und Geschichtskultur ein. Inzwischen erfüllen jene Hallen, die seit 2003 als Spielorte der Ruhrtriennale genutzt werden, höchste Veranstaltungsstandards: die Jahrhunderthalle Bochum als Festspielhaus, das Salzlager auf der Kokerei Zollverein in Essen, die Gebläsehalle im Landschaftspark Duisburg-Nord und die Maschinenhalle Zeche Zweckel in Gladbeck. Mit ihrem Mut zu Ungewöhnlichem löste die Triennale eine regelrechte Euphorie aus und brachte der Region letztlich wohl den Zuschlag für die Bewerbung zur Kulturhauptstadt 2010.

MERKEN
Entdeckungstouren
für Einsteiger:
»Route Industriekultur«
route-industriekultur.de

Einsteigern in Sachen industriekulturelles »Heritage« empfiehlt sich eine Entdeckungstour auf der »Route Industriekultur«.

BILD FOLGESEITE
S. 171 Experiment gelungen: Inszenierungen der Ruhrtriennale künden vom Wandel

INDUSTRIE-PIONIERE
KRUPP, THYSSEN, HANIEL & CO.

Nicht Adelige, Burgherren oder Großgrundbesitzer, sondern Industriepioniere waren die Gründerväter des Ruhrgebiets. Gründerfiguren wie Alfred Krupp, August Thyssen, Franz Haniel, Hugo Stinnes und Friedrich Grillo haben mit ihrem Unternehmer- und Erfindergeist den wirtschaftlichen Aufstieg der Region entfacht – und die Industrialisierung ganz Deutschlands auf den Weg gebracht. Ohne ihre Energie und den festen Glauben an den Erfolg des eigenen Tuns gäbe es das Ruhrgebiet so ganz sicher nicht, ihre Firmenimperien sind untrennbar mit dem Auf und Ab des Ruhrgebiets verbunden. Krupp und andere haben es dabei an Verantwortungsbewusstsein nicht mangeln lassen, um ihre qualifizierten Arbeiter zu halten. Siedlungen, Schulen, Alten- und Krankeneinrichtungen, Museen und Theater waren freiwillige unternehmerische Leistungen, durch die sich ein Landstädtchen wie Essen im 19. Jahrhundert erst zur Stadt Essen mauserte.

INDUSTRIE-PIONIERE

Symbol, Legende, Mythos – der Name Krupp. In seiner fast 200-jährigen Geschichte war das Unternehmen wie kein anderes mit Politik und Staat verwoben. Es ging mehrfach beinahe unter und stieg immer wieder wie Phönix aus der Asche.
Die Krupp'schen Familien- und Firmengeschichte in Essen beginnt im späten Mittelalter, erreicht um 1910 ihren wirtschaftlichen Höhepunkt und schlägt einen weiten Bogen in die Zukunft: Im Jahr 2010 wird der 1999 vereinigte ThyssenKrupp-Konzern von Düsseldorf nach Essen zurückkehren und seine neue Zentrale beziehen – genau dort, wo alles begann. Im November 1811 hatte Friedrich Krupp

links:
Alfred Krupp (1812–1887), ältester Sohn Friedrich Krupps, übernahm den Betrieb mit sieben Mitarbeitern. Unter seiner Leitung wuchs die Firma zu einem Großunternehmen mit rund 20.000 Beschäftigten.•

rechts:
Friedrich Krupp (1787–1826), Gründer der Firma Krupp

(1787–1826) einen Schmelzbetrieb gegründet, um das Geheimnis der Gussstahl-Produktion zu entschlüsseln. Trotz schwieriger Anfänge schuf der Industriepionier wichtige Grundlagen, auf denen sein Sohn Alfred Krupp aufbauen konnte. Als bahnbrechende Erfindung gilt der nahtlos geschmiedete Gussstahlradreifen, mit dem Krupp das Eisenbahnwesen revolutionierte. In den drei aufeinander gelegten Ringen, die 1875 zum Firmenzeichen wurden, sind jene Radreifen symbolisiert.

Berthold Beitz, Ehren-Aufsichtsratsvorsitzender der ThyssenKrupp AG und Vorsitzender der Alfried Krupp von Bohlen und Halbach-Stiftung, führt die mäzenatische Tradition des Hauses Krupp fort, um »das Ruhrgebiet wieder enger mit den internationalen geistigen Kraftfeldern verbinden, erneut seine Tradition als bedeutende Kulturlandschaft bestätigen, ihm eine herausragende Position in der Bundesrepublik Deutschland gewinnen und damit jene Resignation überwinden zu helfen, die das geistige Leben in den Industriegroßstädten zu lähmen beginnt«. In diesem Sinne ist auch die Schenkung eines Neu- und Erweiterungsbaus für das Museum Folkwang an die Bürger der Stadt Essen zu verstehen, das 2010 wiedereröffnet wird.

ANSEHEN
Villa Hügel:
Einstiges Wohnhaus der Industriellen-Familie Krupp, in dem seit 1953 regelmäßig bedeutende Ausstellungen gezeigt werden.
Im »Kleinen Haus« nebenan informiert eine Ausstellung über Leben und Wirken von fünf Generationen Krupp und die wechselvolle Geschichte des Unternehmens.
Villa Hügel
45133 Essen
Tel.: 0201.61629
villahuegel.de
Öffnungszeiten
Hügel-Park täglich, auch feiertags, 8–20 Uhr
Villa Hügel täglich außer Mo 10–18 Uhr
Führungen nach Vereinbarung

Anders als die in Essen verwurzelten Krupps, stammte die Familie Thyssen aus der rheinischen Industrie- und Bergbaustadt Eschweiler. Unternehmensgründer August Thyssen (1842–1926) war nach technischem und kaufmännischem Studium in ein Duisburger Bandeisenwalzwerk eingestiegen, bevor er 1871 mit dem Vater in Mülheim sein eigenes Unternehmen »Thyssen & Co.« gründete, Keimzelle des späteren Stahlriesen Thyssen. Ohne selbst technische Innovationen entwickelt zu haben, perfektionierte der findige Unternehmer mit seinem Bruder Joseph Thyssen das Prinzip des Vertikalkonzerns, indem er Werke verschiedener Produktionsstufen in sein Unternehmen integrierte. Der entscheidende Schritt gelang ihm mit dem Kauf einer Steinkohlenzeche in Duisburg-Hamborn mitsamt Gleisanbindungen und eigenem Rheinhafen, neben dem er ein gewaltiges Stahl- und Walzwerk errichtete. Zulieferung und Weiterverarbeitung waren somit in einer Hand. Außer Zechen, Hütten, Stahl- und Walzwerken kamen stahlverarbeitende Betriebe wie Maschinenfabriken, Werften und zahlreiche Auslandsbeteiligungen hinzu.

August Thyssen (1842–1926), Gründer der Firma Thyssen & Co., später Thyssen AG.

Als August Thyssen 1926 auf seinem Wohnsitz auf Schloss Landsberg bei Essen starb, zählte er zu den großen deutschen Eigentümer-Unternehmern. In nur drei Jahrzehnten war er zum führenden Stahlproduzenten und Bergwerksunternehmer herangewachsen – wenn auch der Name Thyssen längst nicht so schillernd war wie der Name Krupp.

ANSEHEN

Schloss Landsberg:
Bis 1924 repräsentativer Wohnsitz von August Thyssen
Schloss und innere Parkanlage sind nur nach vorheriger Absprache mit der August-Thyssen-Stiftung zugänglich; die äußere Parkanlage ist öffentlich zugänglich.
Kontakt: August Thyssen Stiftung
Schloss Landsberg
August-Thyssen-Straße
45219 Essen-Kettwig
Tel.: 0211.82438012

BILDER FOLGESEITEN

S. 176–177 August Thyssen (ganz rechts sitzend) auf seiner letzten Grubenfahrt am 21. Juli 1924. Er wird begleitet von Gussi Adenauer, Konrad Adenauer und Franz Lenze (sitzend von rechts)

S. 178–179 Führt die mäzenatische Tradition des Hauses Krupp fort: Berthold Beitz mit seiner Frau bei der Einweihung des Berthold-Beitz-Boulevard 2009 in Essen

thold-Beitz-Boulevard

ANSEHEN

Haniel Museum im historischen Packhaus: Ständige Ausstellung zur Geschichte des Unternehmens vom Kolonialwarenhandel bis zum internationalen Konzern.

Haniel Museum
Franz-Haniel-Platz 1
47119 Duisburg
haniel.de
Führungen (kostenlos)
Tel.: 0203.806-231
museum@haniel.de

Die Geschichte des Familienunternehmens Haniel begann mit einem Kolonialwarenhandel in Ruhrort am Rhein und ist mit der Wirtschaftsgeschichte des Ruhrgebiets aufs engste verbunden. Zur treibenden Kraft wurde Franz Haniel (1779–1868). Ihm war 1834 buchstäblich ein Durchbruch gelungen, der als Geburtsstunde des Tiefbergbaus gilt: In Schönebeck bei Essen hatte er mithilfe von Dampfmaschinen erstmals das Deckgebirge aus Mergelgestein durchbohrt und war in 60 Metern Tiefe auf ein Kohlenflöz gestoßen. Zwar lohnte sich der Abbau nicht, doch Haniel gab nicht auf und suchte weiter – obwohl er bei der ersten Abteufung bereits ein Vermögen verloren hatte. Mit der Kohle, die er hier vermutete, wollte er die Versorgung seiner Oberhausener Hütten sichern. Um 1840 war er nach Probebohrungen im Essener Norden wiederum fündig geworden und hatte hier schließlich ein 13 Hektar großes Grubenfeld erworben. Voller Hoffnung auf einen wirtschaftlichen Erfolg, benannte er das Bergwerk nach dem 1834 gegründeten handelspolitischen Zusammenschluss der deutschen Bundesstaaten »Zollverein«. Aus jener Tiefbauzeche wurden 1851 die ersten Kohlen gefördert.

Franz Haniel (1779–1868) revolutionierte den Tiefbergbau im Ruhrgebiet

Wie bei Krupp, Thyssen und anderen Industriellen war auch bei Franz Haniel Geschäftssinn mit Gemeinsinn verbunden. Sozialleistungen wie die Einrichtung der »Unterstützungs-Casse der hiesigen Arbeiter« (1832) oder der Bau der werkseigenen Siedlung Eisenheim in Oberhausen-Osterfeld (1844) bekunden sein Verantwortungsbewusstsein. In den 1970er Jahren hat sich das Handelshaus Franz Haniel & Cie GmbH aus der Montanindustrie zurückgezogen und ist heute international tätiger Konzern mit Beteiligungen an der Metro und Kaufhof AG. Mit Stammsitz im Alten Packhaus in Duisburg-Ruhrort engagiert sich Haniel für die Stadt und den Standort Ruhrgebiet.

1898 gründete Stinnes mit anderen Unternehmern in Essen die Rheinisch-Westfälischen Elektrizitätsbetriebe AG (RWE)

Neben Krupp, Thyssen und Haniel gehörte der Unternehmersohn Hugo Stinnes (1870–1924) zu den führenden Industriellen seiner Zeit. Mit seinem Mülheimer Handelsunternehmen Hugo Stinnes GmbH und der Deutsch-Luxemburgischen Bergwerks- und Hütten AG war er Chef eines der größten Schwerindustrie-Konzerne Deutschlands. Mit sage und schreibe 1664 selbständigen Betrieben, 2890 Anlagen und Teilbetrieben sowie 600.000

Unternehmensgründer Hugo Stinnes (1870–1924), um 1890

Beschäftigten hatte er das größte Wirtschaftsimperium Deutschlands geschaffen. Stinnes gründete 1898 mit anderen Unternehmern die Rheinisch-Westfälischen Elektrizitätsbetriebe AG (RWE) und wurde 1902 mit August Thyssen Mehrheitsgesellschafter. Auch im Rheinisch-Westfälischen Kohlen-Syndikat saß Stinnes im Aufsichtsrat. Bereits kurz nach seinem überraschenden Tod im Jahr 1924 geriet das Unternehmen in Schieflage und das Firmenimperium zerfiel.

Unternehmer und großzügiger Mäzen: Friedrich Grillo (1825–1888)

Wie kaum ein anderer repräsentierte der Essener Industrielle Friedrich Grillo (1825–1888) die Gründerjahre im Ruhrgebiet. Durch Heirat mit Wilhelmine von Born war er in das städtische Bürgertum aufgestiegen und wurde Mitinhaber der »Eisengießerei und Maschinenfabrik Ernst Honigmann und Cie.«, gründete, kaufte, sanierte Zechen und Bergwerke – und verkaufte sie wieder. Nur bei Schalke war alles anders. 1855 war der Ort, der später Fußballgeschichte schreiben sollte, eine Siedlung mit 300 Einwohnern. In der Nähe des Schalker Marktes kaufte Grillo Grubenfelder, legte sie 1862 unter dem Namen »Consolidation« zusammen und schuf quasi aus dem Nichts eine der größten Zechen des Ruhrgebiets. In den Aufbaujahren kümmerte sich der »Begründer der Schalker Industrie« um die gesamte Infrastruktur: Siedlungen, Straßen, Kirchen, Schulen und Kindergärten – nichts lief ohne Grillo, vieles trägt noch heute seinen Namen. 1872 kam die Schalker Eisenhütte Maschinenfabrik GmbH dazu, die bereits im Jahr darauf Maschinen und Teile wie Bremsen, Förderwagen, Drahthaspeln sowie Bedarf für Kokereien produzierte.

Seiner Heimatstadt Essen blieb der Stadtverordnete Friedrich Grillo zeitlebens verbunden. Für die Errichtung des Stadttheaters spendete er das Grundstück und zwei Drittel der Baukosten; 1892 – vier Jahre nach seinem Tod – wurde das heutige Grillo-Theater eröffnet.

Das Grillo-Theater in Essen um 1910

KIRCHTURM
KREUZ ÜBER KOHLE UND EISEN

Das Ruhrgebiet – eine gottlose Gegend, in der Schlote und Fördertürme in den Himmel ragen und allein das Grubengold zählt? Weit gefehlt! Insgesamt 1250 christliche Kirchen hat Pfarrer Andreas Volke im Jahr 2009 gezählt und ein Revier der Kirchtürme entdeckt: Evangelische und katholische Kirchen, allesamt aktiv. Architektonisch, künstlerisch und historisch einzigartige Gotteshäuser, die eindrucksvoll unter Beweis stellen, dass die ältesten Kultur- und Bildungsträger zwischen Duisburg und Dortmund Kirche und Adel sind. Denn fast vergessen ist, dass das wahre Erbe des Ruhrgebiets nicht im goldenen Zechenzeitalter, sondern in seiner aristokratischen Vergangenheit liegt. Die Reichsabtei Werden und das adelige Damenstift in Essen, einst vornehmstes im ganzen Heiligen Römischen Reich, gehörten im 10. und 11. Jahrhundert zu den bedeutenden europäischen Kulturzentren mit Verbindungen bis nach Byzanz. Ganz nebenbei ist mit der Kirchenzählung übrigens bewiesen, dass im Revier mehr Kirch- als Fördertürme errichtet wurden. Bei einer »Church Tour Ruhr« lassen sich die Höhepunkte christlicher Kultur per Bus entdecken.

K

KIRCH-TURM

Über ein Jahrhundert lang wurde die Stadt Essen vor allem mit Kohle und Stahl in Verbindung gebracht. Ihr Herz sei die »Kathedrale der Arbeit«, die seit 2002 zum Weltkulturerbe der UNESCO gehörende Zeche Zollverein. Tatsächlich aber ist der Kern der Stadt ein uralter Kulturraum, der zu den ältesten Kloster- und Siedlungsplätzen Deutschlands zählt. Hier gab es bereits im Mittelalter eine glanzvolle abendländische Hochkultur. Eindrucksvollster Beleg ist der Essener Domschatz, einzigartiges Vermächtnis der Essener Stiftsdamen, das im Jahr 2002 auf den Plakaten zum 1150. Stadtjubiläum als »Essen sein Schatz« Furore machte.

Weltweit findet sich kein anderer Kirchenschatz mit solch einer Vielzahl frühmittelalterlicher, rund 1000 Jahre alter Kunstwerke. Eine religiöse Gemeinschaft adeliger Frauen hat ihn zusammengetragen. Um 845 gegründet, war das »Coenobium Astnide« die Keimzelle der heutigen Stadt Essen. Jenes Frauenstift mit seinen Äbtissinnen bestimmte bis in das frühe 19. Jahrhundert das geistliche, politische und wirtschaftliche Leben von Stadt und Region. Die Äbtissin Mathilde (971–1011), Enkelin von Kaiser Otto I., hat den Essener Kirchenschatz um seine wertvollsten Stücke vermehrt, darunter die Goldene Madonna aus dem 10. Jahrhundert, älteste erhaltene vollplastische Marienfigur der Welt. Mit der Gründung des Bistums Essen im Jahr 1958 wurde die 1000 Jahre alte Stiftskirche Bischofskirche, der Kirchenschatz der Essener Stiftsfrauen Domschatz.

Auch in der Zeit der Industrialisierung und De-Industriealisierung des Ruhrgebiets haben die Kirchen eine prägende Rolle gespielt: Der Sozialkatholizismus war mitunter sogar prägender als die sozialistische Arbeiterbewegung. »Einer von uns«, »Kumpel Franz« oder auch »Ehrenbergmann« – so wurde der erste Ruhrgebiets-Bischof und spätere Kardinal Dr. Franz Hengsbach genannt. Begriffe, die deutlich machen, wie eng die Verbundenheit der Kirche mit den Arbeitern und Bergleuten war. Als Hengsbach am 1. Januar 1958 auf dem Essener Burgplatz bei der Amtseinführung als erster Bischof des Ruhrbistums seine Ansprache hielt, war dies zugleich Programm: »Das Bistum ist errichtet! Ich bin jetzt vor Ort gegangen. In Gottes Namen wollen wir die erste Schicht verfahren. Glück auf!« Und das verstand er sehr konkret: In seiner Amtszeit ist er mehr als hundert Mal in ein Bergwerk eingefahren. Als es um die ersten Zechenschließungen ging, marschierte der junge Bischof an der Spitze von De-

ANSEHEN

Die Goldene Madonna in der Essener Domschatzkammer.
Öffnungszeiten:
Di bis Sa 10.00–17.00 Uhr, sonn- und feiertags 11.30–17.00 Uhr.
Öffentliche Führung jeden Sonntag, 15.30 Uhr, Anmeldung nicht erforderlich.
Domschatzkammer Essen
Burgplatz 2
45127 Essen
Tel.: 0201.2204-206
domschatz-essen.de

BILDER FOLGESEITEN

S. 185 Älteste Madonnenfigur der Welt: Vor mehr als 1000 Jahren gehörte sie zum Kirchenschatz der Essener Stiftsfrauen

S. 186–187 Essen Stadtmitte im Jahr 1948. Im Vordergrund Kreuzeskirche und St. Gertrudiskirche, dahinter Zeche Victoria Mathias

S. 188–189 Wertvollstes Stück des Essener Domschatzes: Die Goldene Madonna

S. 190–191 Gold vor Schwarz: Der Domschatz in der ehemaligen Kohlenwäsche auf der Zeche Zollverein, heute Sitz des Ruhrmuseums

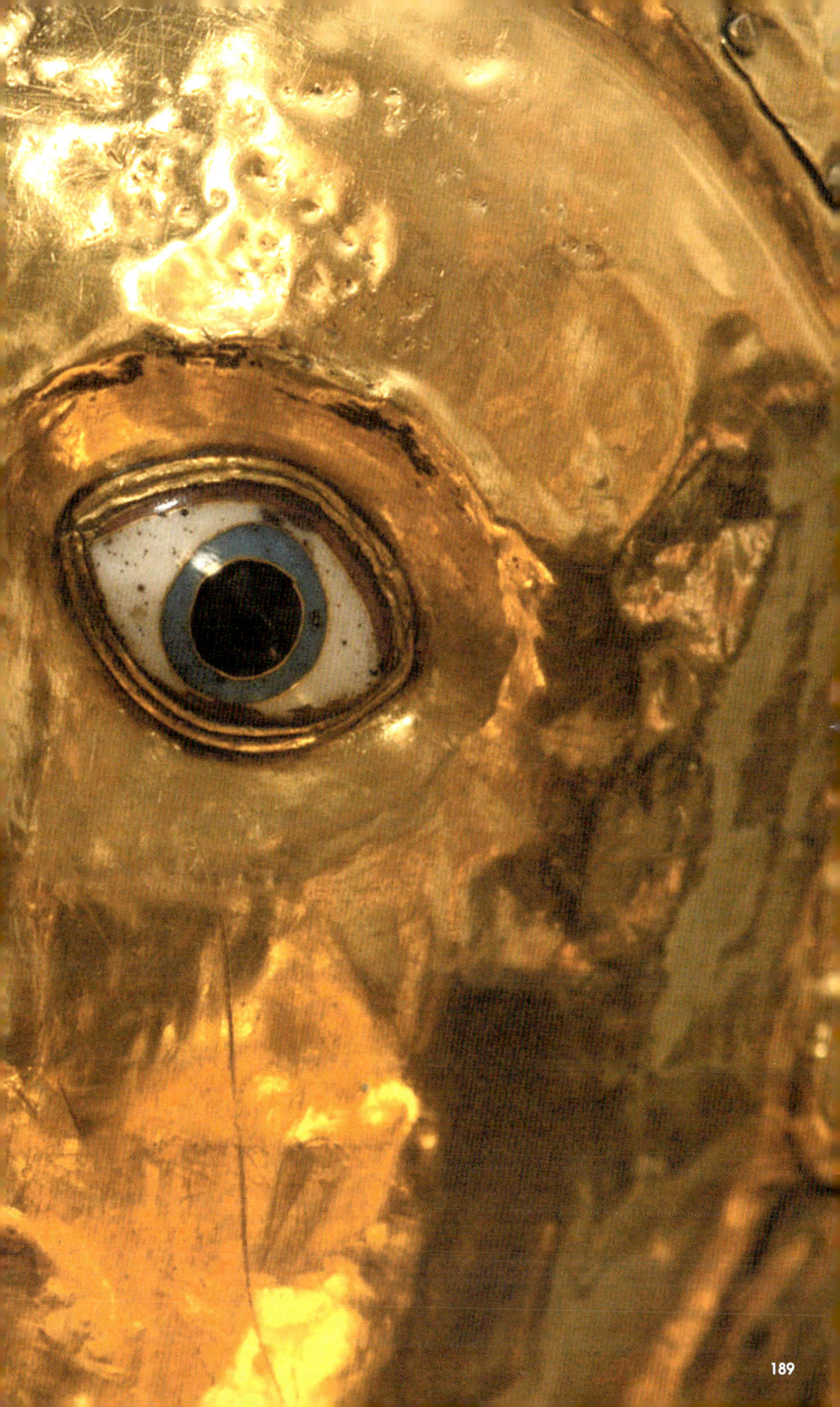

Kardinal Hengsbach (Mitte) mit seinem Bischofsring: anstatt eines Edelsteins war ein Stück Kohle eingefasst

MERKEN
Tagestouren in die Kirchenlandschaft Ruhr
church-tours-ruhr.de
Buchung:
Gossens Reisen GmbH
Steeler Straße 319
45138 Essen
Tel.: 0201. 280 55 10
gossens-reisen.de

monstrationen. Und er war es auch, der die Domschatzkammer vor über 50 Jahren für das Publikum öffnete.

Mit der Gründung des Ruhrbistums setzte in den 1950er und 1960er Jahren ein regelrechter Bauboom von neuen Kirchen ein. In kaum einer Region gibt es heute so viele moderne Kirchenbauten auf engstem Raum, die eine Besichtigung wert sind. Dass nach den zahlreichen Zechen- und Werksschließungen und wegen des allgemeinen Trends zum Kirchenaustritt heute auch viele katholische Kirchengebäude aufgegeben werden müssen, ist für die Gemeinden schmerzlich.

Die Höhepunkte christlicher Kultur im Ruhrgebiet lassen sich bei thematischen Tagesfahrten mit den »Church Tours Ruhr« entdecken. So ist der Essener Dom Teil der »Hellweg-Route«, die von der Salvatorkirche in Duisburg über den Essener Dom mit Domschatzkammer, die Essener Marktkirche bis zur Kirche St. Reinoldi in Dortmund und weiteren mittelalterlichen Kirchen in der Hansestadt verläuft. Die Abteikirche in Essen-Werden ist Teil der »Ruhrtal-Route«, die sogenannte Ursprungsorte von Kirche und Bergbau verbindet; sie führt unter anderem zu der 1008 gegründeten Dorfkirche in Bochum-Stiepel mit ihren fast 800 Jahre alten Malereien bis zur Dorfkirche Blankenstein an der Ruhr. Die dritte »Route der Kirchen im Wandel von Kohle und Stahl« führt zu Kirchenbauten in der Emscherregion, darunter der evangelische »Bergmannsdom« in Katernberg sowie die Kapelle in der neuen Knappen-Arena Auf Schalke.

Ganz nach dem Titel von Hape Kerkelings Bestseller »Ich bin dann mal weg« kann man die Kirchenräume entlang des Emscherlaufs auch auf verschiedenen Pilgerrouten ganz neu erleben.

MERKEN
Eröffnungsgottesdienst zum Pilgerweg
»Pilgern im Pott«
21. März 2010, 10 Uhr, Salvatorkirche in Duisburg
salvatorkirche.de
Das gesamte Programm der evangelischen Kirchen:
evangelisch2010.de

oben:
Neuer Westchor aus blauem Glas in der Essener Marktkirche, älteste protestantische Kirche der Stadt

Wertvolles Stück aus der Domschatzkammer: Das Büstenreliquiar des Heiligen Marsus

KOHLE
SCHICHTWECHSEL IN DIE EWIGKEIT

Grubengold, schwarzes Gold, schwarze Diamanten – schöne Worte für jene Bodenschätze, die dem Revier Reichtum und Macht eingebracht haben. Denn das Ruhrgebiet ist auf Kohle gebaut. Ihre Entdeckung in den Tiefenfalten der Erde gilt als Geburtsstunde einer der größten Industrieregionen der Welt. 1847 war es dem Unternehmer Franz Haniel gelungen, im Norden der Stadt Essen einen Tiefschacht in die Erde zu bohren. Fortan schrieb sein Bergwerk Zollverein Industriegeschichte: Bis zur Schließung im Jahr 1986 war es das größte Steinkohlenbergwerk Europas. Industrialisierung und technischer Fortschritt, Wirtschaftsboom und die rasante Besiedlung des Reviers, die Wiederaufbauleistung nach dem Zweiten Weltkrieg und das Wirtschaftswunder in den goldenen frühen fünfziger Jahren – die Kohle war der Treibstoff und Kraftzentrum zugleich für andere Industrien: Eisen und Stahl, Energie und Chemie. Mit dem Grubengold war das Revier die blühende wirtschaftliche Mitte der Republik. Bis die Bergbaukrise 1958/59 das Ende jener Ära einläutete, die als europäische Epoche der Industrialisierung Weltgeschichte geschrieben hat. Spätestens 2018 ist in allen Bergwerken des Reviers »Schicht im Schacht«. Dazwischen liegt verlorene Zeit.

K

KOHLE

Sie ist umwoben von Legenden, Mythen und jeder Menge Nostalgie, aber trotzdem nur noch ein blasses Märchen – die Kohle. Der Sage nach hat ein Hirtenjunge den schwarzen Bergschatz um 1300 auf den Ruhrhöhen entdeckt. Auf einer Wiese hatte er aus Reisern Feuer gemacht, um einen Fisch zu braten. Den ließ er sich schmecken und wollte wieder zu seinen Tieren gehen, als er stutzte. Denn unter der Asche sah er einen rotglühenden Stein – und fand auf diese Weise die Kohle. Die lagerte hier nämlich an den Berghängen direkt unter der Erdoberfläche, wo man sie im Tagebau abbauen konnte. Vom Ruhrtal aus nahm die Geschichte des schwarzen Goldes ihren Lauf. Und zwar Richtung Norden, wo die Kohle allerdings unter dicken Gesteinsplatten in hunderten Metern Tiefe lag. Technisch aufwändig, teuer und gefährlich war es, die schwarzen Diamanten aus diesen Gruben zu fördern – aber ein Jahrhundert lang lohnte sich der Tiefbergbau doch – genau gesagt von 1851 bis 1958.

In diesem Jahrhundert der Kohle orientierte sich alles am Grubengold – von der Förderung aus der Erde über die Verarbeitung zu hochwertigem Koks bis zum Transport auf unzähligen Schienengleisen in die nächsten Eisenhütten. Wie ein Spiegelbild jenes Produktionsprozesses war schließlich all das, was an der Oberfläche entstanden war: Schienen und Straßen, Kokereien und Fabriken, Fördertürme und Schornsteine, Halden und Materiallager, Häuser und Siedlungen, Krankenhäuser und Schulen, Einzelhandelsgeschäfte bis hin zur Trinkhalle an der Ecke – eine komplett ineinander verwobene Szenerie.

Bereits Ende der 1950er Jahre kam mit der Kohlekrise der Bruch. Billige Importkohle und wachsende Konkurrenz durch Erdöl machten aus dem einst so gefragten Energieträger ein Überflussprodukt: Der Verkauf stockte, die Preise fielen. Die ersten Feierschichten wurden gefahren, 1958 die erste Zeche stillgelegt. Das große Zechensterben begann: Innerhalb von zehn Jahren folgten 78 weitere Zechenschließungen. Von einst 607.000 Ruhrkohle-Kumpels arbeiteten 1968 noch 287.000 im Bergbau – das Kraftzentrum Deutschlands schwächelte. Der lange Kampf um die Kohle begann, begleitet von Protesten tausender arbeitsloser Bergleute und Subventionen des Staates. 140 Milliarden Euro sollen insgesamt zur Stützung der Kohle beizeiten geflossen sein – wahrlich eine stolze Summe.

Tiefe Ratlosigkeit hatte sich breitgemacht. Viele Kumpel, die nach dem Krieg aus dem zerbombten Revier das schwerindustrielle Herz der jungen Republik geschaffen hatten, konnten nicht glauben, dass die Montanära zu Ende ging. Marktmacht und Führungsposition, Einkommen, Kaufkraft und alles, was damit zusammenhing, schienen verloren zu gehen. Man war dem Lockruf des schwarzen Goldes gefolgt,

ANSEHEN

»Glück auf Ruhrgebiet! – Der Steinkohlenbergbau nach 1945«
Große Sonderausstellung im »Schwarzen Diamanten«, dem Ausstellungsneubau des Deutschen Bergbau-Museums
Deutsches Bergbau-Museum
Am Bergbaumuseum 28
44791 Bochum
Termin: seit Dez. 2009
bergbaumuseum.de

BILDER FOLGESEITEN

S. 197 Ludwig Windstosser: Zeche Pattberg, Moers 1958
S. 198 Anton Tripp: Letzte Schicht auf der Zeche

DER
ALLERLETZTE
Wagen

hatte an harte Arbeit geglaubt, immer war es aufwärts gegangen. Und dann das Aus – mit hundert Jahren Industriemaloche auf dem Buckel.

Die gesamte Region stürzte in eine tiefe Abwärtsspirale, wirtschaftlich wie mental. Denn nun zeigten sich die negativen Begleiterscheinungen der einseitig auf die Schwerindustrie ausgerichteten Ruhrwirtschaft: In der Krise fehlte jegliche Alternative. Doch statt einer konsequenten Politik des Strukturwandels, wie sie mit der Ansiedlung von Opel in Bochum begonnen hatte, hofften Politik und Unternehmen weiter darauf, den Kohleabbau in Deutschland durch staatlich subventionierte Rationalisierung erhalten zu können.

Während die Belegschaft sozialverträglich reduziert wurde, fuhren die Zechendirektoren Jahr für Jahr in großen Limousinen zum Deutschen Steinkohletag in Essen vor. Man blieb mit dem Festhalten an der Kohle einem defensiven wirtschaftlichen Leitbild verhaftet, das seine Zukunft hinter sich hatte. Die Folge: ein bis heute spürbares Modernisierungsdefizit, das die einst so prosperierende Region zum Sorgenkind des Landes hat absteigen lassen.

Erst seitdem die CDU zusammen mit der FDP im Jahr 2005 nach 39-jähriger SPD-Vorherrschaft den Regierungswechsel in Nordrhein-Westfalen schaffte, ist das Ende des subventionierten Steinkohlebergbaus im Jahr 2018 im Ruhrgebiet besiegelte Sache. Neben Kosten für Pensionen, Bergbauschäden und der Absicherung von Stollen verschlingt auch das Abpumpen des Grundwassers hohe Summen, die so genannten Ewigkeitskosten. Ohne diesen Aufwand würden weite Teile des Ruhrgebietes einfach absacken und mit Grundwasser volllaufen.

ANSEHEN

Mythen, Bilder und Phänomene des Ruhrgebiets zeigt die Dauerausstellung im neuen Ruhr Museum. Der Museumsparcours folgt dem Weg der Kohle in der ehemaligen Kohlenwäsche der Zeche Zollverein.

Ruhr Museum
Zollverein A 14
(Schacht XII, Kohlenwäsche)
Gelsenkirchener Str. 181
45309 Essen
Telefon 0201.8845200
ruhrmuseum.de
Öffnungszeiten:
täglich 10–19 Uhr

Johann Schmidt: Alter Übertage Bergbau 1930, Ruhrgebiet 1930

BILDER FOLGESEITEN

S. 200–201 Schwarze Fahnen und Schweigemärsche: Demonstration gegen die Schließung der Zeche Graf Bismark, Gelsenkirchen 1966

S. 202–203 2007 wurde aus der alten RAG AG der Industriekonzern Evonik. Die Einnahmen sollen die Ewigkeitslasten finanzieren.

SMARCK

A

KUMPEL ANTON
RUHRPOTT-DEUTSCH IN REINKULTUR

Den kultigen Kumpel Anton-Dialekt der 1950er Jahre hört man im Ruhrgebiet immer noch oft. Das Ende der Kohle-Ära konnte dem Ruhrdeutsch als Alltagssprache nichts anhaben. Beste Gelegenheiten für Hörproben rund um das typische »hömma«, »watt« und »datt« bietet jede Eckkneipe rund um die Fußballstadien von Schalke & Co. Wer es ganz authentisch will, sollte sich an die Kleinkunstbühnen des Reviers halten, wo der Ruhrpott-Slang à la Kumpel Anton schon seit Jahren Triumphe feiert. Jener Kumpel war am 4. Dezember 1954 zum ersten Mal bei der Westdeutschen Allgemeinen Zeitung (WAZ) auf Maloche – quasi »übertage«. Das Datum markiert in gewisser Weise die Geburtsstunde der Ruhrgebiets-Identität: In der legendären Glosse war die Kumpelsprache, das Ruhrpottdeutsch, erstmals in Reinkultur vertextet. Der wöchentliche Bericht eines Bergmanns über seine Alltagserlebnisse erschien jeden Samstag in der Wochenendausgabe und gewann schnell Kult-Status. Bis zu seiner Rente erzählte Kumpel Anton den Zeitungslesern über 1.400 Geschichten.

K

KUMPEL ANTON

Die Figur hatte Wilhelm Herbert Koch erfunden, eigentlich Sportredakteur bei der Westdeutschen Allgemeinen Zeitung, kurz WAZ, und selbst erfahren in der Arbeit untertage, vor allem aber ausgestattet mit intimen Kenntnissen der Stammtisch-Welten samt deren Lebensweisheiten. Sein legendärer Kumpel Anton dachte und sprach genau wie die Püttologen auf Schicht: Ruhrpöttisch, derb und selbstredend grammatikalisch völlig unkorrekt – so, wie den Bergleuten eben der Schnabel gewachsen war.

Viele Jahre vor Jürgen von Mangers »Tegtmeier« verkörperte »Kumpel Anton« auf höchst vergnügliche Art und Weise die konservative Kleingärtner- und »Taumvatta«-Idylle des Reviers. Eine von allen späteren Ruhrgebiets-Kabarettisten immer wieder genüsslich durch den Kakao gezogene Kohlenpott-Idylle, die »durch die Schalkhaftigkeit der Geschichten auch für Intellektuelle erträglich wurde«. So jedenfalls sah es 1998 der damalige WAZ-Chefredakteur Rolf Lehmann in der Festschrift zum 50-jährigen Geburtstag der »Zeitung des Ruhrgebiets«.

Unser Kumpel Anton aus dem Haus- und Hofblatt des Reviers bekam schon bald Familienzuwachs. In den 1990er Jahren, lange nach Kumpel Antons Ableben, kam bei der WAZ Frau Dr. Antonia Cervinski-Querenburg auf den Plan. Die Tochter vom Cervinski, seines Zeichens bester Freund von Kumpel Anton, hatte an der Ruhr-Uni Bochum Sprachsoziologie studiert und brachte ihren Studenten im strukturgewandelten Ruhrgebiet eine Fremdsprache bei: »Ich tu die Leute wat lernen. Hauptsächlich Ruhrdeutsch.«

Kumpel Anton:
»Spass am Gaaten«

SCHICHT IS SCHÖN, WENNSE AUFHÖRT

»Anton«, sachtä Cervinski für mich,
»Mornschicht is schäbbich,
Da musse schon um fümfraus,
Un dann bisse noch klamm im Kopp,
Un dattis kalt un am regen,
Untu hass überhaup keine Lust.
Aber wennze mittachs ausfährss,
Dann istatt ganz schön,
Hassen ganzen Nammitach for dich,
Un kannz spaziern gehn
Wohinze willz.«
»Anton«, sachtä Cervinski für mich,
»Mittachsschicht is schäbbich,
Wenn so richtich die Sonne am schein is,
Dann musse nachen Pütt hin,
Un in datt schwazze Abeizzeuch,
Aber wennze aams ausfährss,
Dann kannze schon um zehn
Bei Taumfatters Jupp anne Teeke stehn,
Kannzen Skat spieln
Un ruich ein schlucken
Weilze dich am andern Tach auspenn kannz.«

»Anton«, sachtä Cervinski für mich,
»Nachschicht is schäbbich.
Wenn andere Leute im Kinno gehn,
Oder am schickern sint,
Dann musse nachen Pütt hin un malochen.
Aber wennze morns ausfährss,
Dann istat ganz schön,
Die Schwazzdrosseln singen,
Untu kannz essen wennze willz,
Unt im Gaaten gehn wennze willz,
Un pennn wennze willz,
Zeit hasse genuch.«
»Wodrann lichtat bloss, Anton«,sachtä Cervinski,
»Datt geede Schicht schäbbich is, wennse anfänkt,
Un schön, wennse aufhört?«

KUNST FÜR KOHLE

DER GROSSE TAUSCH

Das legendäre Tauschgeschäft »Kunst für Kohle, Kohle für Kunst« hatte auf der Zeche König Ludwig 4/5 in Recklinghausen im schlimmen Kältewinter 1946/47 begonnen. Die Menschen im zerstörten Nachkriegsdeutschland froren und hungerten – nach Ess- und Brennbarem genauso wie nach Kultur. In den Hamburger Theaterhäusern drohte die Hausmechanik einzufrieren. Mit dem Mut der Verzweiflung fuhren der Verwaltungsdirektor des Deutschen Schauspielhauses, Otto Burrmeister, der Betriebsratsvorsitzende der Hamburgischen Staatsoper und Begleiter mit zwei Lkw in den »Kohlenkasten der Republik«, um auf den Zechen Kohlen zu erbitten. Als sie auf der A 2 die ersten Schlote sahen, nahmen sie die nächste Abfahrt und landeten auf Schacht Ludwig 4/5. Die Bergleute fuhren eine Sonderschicht und luden die Lkw mit Kohle voll. Zum Dank gab's dann Kultur satt. Im Sommer 1947 gastierten die Theaterleute fünf Tage lang in Recklinghausen und legten den Grundstein für die Ruhrfestspiele: ein begeisterndes Kulturfestival, mit dem das Revier in der Wiederaufbauzeit ein Zentrum überregionaler Theaterkultur wurde. Zugleich waren die Spiele der Beginn einer neuen Zeit, die mit dem Konzept »Kultur für alle« für den Wandel des Kumpelreviers stand.

K

KUNST FÜR KOHLE

Der Applaus war überwältigend. Mit der Mozart-Oper »Figaros Hochzeit« waren 1947 die ersten Festspiele im Städtischen Saalbau Recklinghausen eröffnet worden. Bei der Premierenfeier hatte der sozialdemokratische Bürgermeister der Stadt Hamburg, Max Brauer, von der Förderbrücke der Zeche eine Rede gehalten, die lange nachhallte: »Ich kann mir eine andere und neue Art der Festspiele vorstellen. Festspiele nicht nur für Literaten und Auserwählte, sondern Festspiele inmitten der Stätten harter Arbeit. Ja, Festspiele im Kohlenpott vor den Kumpels. Ja, Festspiele statt in Salzburg in Recklinghausen.«

Schon wenig später gründeten die Stadt Recklinghausen und der Deutsche Gewerkschaftsbund DGB eine Gesellschaft zur jährlichen Durchführung. Die Eintrittskarten kosteten vor der Währungsreform zwischen 4 und 5 Reichsmark, die Erlöse gingen an die Unterstützungskasse für Berginvalide der Zeche König Ludwig. Zwei Drittel der Karten wurden über die Gewerkschaft vertrieben, damit auch tatsächlich Arbeiter im Publikum saßen.

Stand in den Anfangsjahren mit Goethe, Schiller und Wagner das klassische Theater- und Opernrepertoire auf dem Programm, rückten ab Mitte der 1950er Jahre mit Bert Brecht und Thornton Wilder auch Gegenwartsstücke auf den Spielplan. Nach und nach kamen Konzerte, Filmreihen, Tanztheater, Kunstausstellungen, Seminare, Vorträge, Diskussionen dazu, was den Festspielen viele Jahre lang einen kulturpolitischen Werkstattcharakter verlieh. Fester Bestandteil waren auch jene Grubenfahrten, mit denen die Theaterleute ihre Verbundenheit mit den Bergleuten erneuerten. Der Zuspruch und das ständig wach-

MERKEN
Ruhrfestspiele Recklinghausen. Eröffnung der Spielzeit jährlich am 1. Mai mit einem großen Kulturvolksfest. Infos und Programm: ruhrfestspiele.de

Eröffnung der 19. Ruhrfestspiele im neuen Festspielhaus, Recklinghausen 1965

BILDER FOLGESEITEN
S. 211 Verbundenheit: Künstler und Kumpel
S. 212 Nach der Schicht ging's ins Theater

BERGBAU-AKTIEN-GESELLSCHAFT

EWALD-KÖNIG LUDWIG

INHALT

Heft 4-6

7. Jahrgang 1955

»›Kunst für Kohle, Kohle für Kunst!‹ Der Satz ist Legende, ist der Anfang einer neuen Zeitrechnung. Geburtsstunde der Ruhrfestspiele. ›Kunst für Kohle, Kohle für Kunst‹, das ist längst ein Kult-Begriff für Aufbruch, Umbruch, Zukunft. Wenn man so will: ein Kultbegriff für den Sprung in das 3. Jahrtausend (…).« *Jens Feddersen*

sende Programm machten schließlich einen Neubau erforderlich: Seit 1965 finden die Aufführungen im Ruhrfestspielhaus statt.

Von Beginn an standen große Schauspieler auf den Brettern, die in Recklinghausen die Welt bedeuten: Schauspiel-Ikonen wie Bernhard Minetti, Will Quadflieg, Hannelore Hoger, Heinz Bennent, Elisabeth Tissenaar und viele andere sind untrennbar mit den Ruhrfestspielen verbunden. Festspielleiter ist seit 2005 Frank Hoffmann, der mit seinen Programmen an die legendären Zuschauerzahlen der 1960er Jahre anknüpft. Die Erfolgs-Story führte er 2009 fort mit Hollywood-Stars wie Ethan Hawke und Sam Mendes, Schauspiel-Ikonen wie Angela Winkler oder Eva Mattes, Stimm-Wundern wie Otto Sander und Regie-Größen von Luc Perceval über Matthias Hartmann bis Thomas Ostermeier. Zuletzt standen 223 Vorstellungen an inzwischen zwölf Spielorten in Recklinghausen und Marl auf dem Programm.

Tripp, Anton: Im neuen Festspielhaus der Ruhrfestspiele, Recklinghausen 1965

BILDER FOLGESEITEN
S. 214-215 Kulissenanlieferung für die Ruhrfestspiele

KÜNSTLER-ZECHE
REVIER-ATELIERS

»Wenn du dich am Zechentor blicken lässt, schlag' ich dir die Knochen kaputt.« Helmut Bettenhausen hat den Satz nicht vergessen, mit dem sein Vater, der zuletzt Wettermann unter Tage war, dem Halbwüchsigen klarmachte, welcher Beruf für ihn nicht in Frage kam. Bettenhausen wurde nicht Bergmann, sondern lernte »Eisenwichser« und arbeitete bis 1956 als Eisenanstreicher auf Industrieanlagen. Er studierte an der Essener Folkwangschule für Gestaltung und richtete sich 1964 ein Atelier in der ehemaligen Zeche Unser Fritz 2/3 in Wanne-Eickel ein. Bettenhausen mietete in der Kaue einen Atelierraum für 50 Pfennig pro Quadratmeter, Heizung inklusive, und begann zu malen. Ob Vater Bettenhausen damit einverstanden war, dass sein Sohn Künstler wurde, ist nicht überliefert. Aber die Idee hätte ihm vielleicht gefallen, dass auf dem Pütt, wo er ein halbes Leben lang eingefahren ist, nun Kunst entstand. Wahrscheinlich war Unser Fritz die erste Künstlerzeche im Ruhrgebiet. Und Bettenhausen selbst Pionier einer Bewegung, die heute auf den Fahnen der Kulturhauptstadt geschrieben steht.

K

KÜNSTLER-ZECHE

Viele Jahre, nachdem Helmut Bettenhausen die Künstlerzeche »Unser Fritz« begründet hatte, war der bildende Künstler Thomas Rother auf der Suche nach einem Atelier im Essener Norden fündig geworden. Rother zog in die ehemalige Schreinerei des Gründerschachtes 1/2/8 der Zeche Zollverein. Das allerdings war leichter gesagt als getan. Denn das Gebäude des ausgedienten Bergwerks, das er 1990 von der Ruhrkohle AG erhalten hatte, um es zu bewahren und mit seiner Kunst zu neuem Leben zu erwecken, war vor allem eines: völlig marode. Lastwagenweise hat er Schutt aus der Gründerzeit-Ruine hinausgeräumt und monatelang gerackert, geschrubbt und gescheuert, bis die Räume überhaupt zu nutzen waren. Noch heute gibt es keine Heizung, ganz zu schweigen von postindustriellen Errungenschaften wie einem Internet-Anschluss. Fördermittel für Instandsetzung und Instandhaltung hat der Künstler nie erhalten.

Heute arbeitet und lebt der Autor, Bildhauer, Objektemacher, Raum- und Inszenierungskünstler im »Kunstschacht Zollverein« und nennt einen magischen, fantastischen, märchenhaften Ort sein eigen. Einen Ort, der komplett aus der Zeit fällt und wie dafür geschaffen ist, die »Totems der Industrie« zu sammeln, zu hüten und wiederauferstehen zu lassen, indem sie von Rother zu Kunst verarbeitet werden.

ANSEHEN
Ausstellungsreihe »10 für 2010«: Zehn Künstler aus dem Ruhrgebiet präsentieren vom 9. Januar bis zum 27. November 2010 aktuelle Arbeiten.
Künstlerzeche »Unser Fritz« 2/3
Alleestraße 50/ Grimberger Feld
44653 Herne
kuenstlerzeche.de

»Thomas Rother ist ein Zauberer: Er macht aus Vergangenheit Gegenwart, aus Industrie Kunst und aus Kunst Leben, aus Altem macht er Neues.« *Susanne Kippenberger*

Das Atelier ist ein archaisches, schwer romantisches Wunderkabinett und zugleich der einzige Ort im ganzen Ruhrgebiet, wo sich Kunst und Kohle auf derart atemberaubende Weise gefunden haben – und immer aufs Neue miteinander verbinden. Wenn der Gesamtkomplex Zollverein nicht schon Weltkulturerbe wäre, dann hätte Rother die Auszeichnung der UNESCO leicht für sein Projekt Kunstschacht erhalten: Es zeigt die Welt der Industrieregion Ruhrgebiet, alles Gezeigte ist Kultur und das Erbe der Region wird für die Menschen bewahrt. Eigentlich müsste dieser einzigartige Mikrokosmos als Abteilung des Ruhrmuseums eingefroren werden, damit spätere Generationen hier den »Mythos Künstlerzeche« erleben können.

ANSEHEN
Das Atelier von Thomas Rother
Kunstschacht Zollverein
Zollverein Schacht 1/2/8
Bullmannaue 21
45327 Essen
Tel.: 0201.304881 (lange klingeln lassen)
Öffnungszeiten: Sa/So 11–13 und 15–17 Uhr sowie nach telefonischer Vereinbarung

BILDER FOLGESEITEN

S. 219 »Konstruktionen«: Installation von Helmut Bettenhausen auf »Unser Fritz« 2/3 in Wanne-Eickel im Jahr 1968

S. 220–221 Ein Wunderkabinett, in dem sich Kunst und Kohle verbinden: der Kunstschacht Zollverein von Thomas Rother.

S. 222 Eingang zum Atelier von Thomas Rother auf dem Gründerschacht Zollverein 1/2/8

S. 223 Die Künstlerzeche »Unser Fritz« in Herne

ACHTUNG

Fahrzeuge abstellen
verboten !

SCHREBER-GARTEN
GRÜNE LUNGE DER GARTENKUMPEL

Wer unter Tage oder »auf Schicht« im Stahlwerk malocht, für den ist ein Garten überlebensnotwendig. Licht, Luft und bunte Laubenparadiese stehen im Ruhrgebiet deshalb ganz hoch im Kurs. Die kleinen Oasen sind aus dem Pott nicht wegzudenken: Wer weder Balkon noch Pantoffelgrün hinterm Haus hat, der hat eben einen Schrebergarten, und sei es zwischen Bahndamm und Hochofen. Mehr als 80.000 Schrebergärten soll es geben, die meisten mit langer Tradition. Allein zum 90 Jahre alten Stadtverband Essen gehören 104 Kleingartenvereine, verteilt auf 250 Kleingartenanlagen. Vor oder nach der Schicht und am Wochenende sowieso ging es in die Gartenkolonie mit den Namen »Sorgenfrei«. »Zur Sonnenseite« oder »Morgensonne«. Geliebte und wie mit der Nagelschere gepflegte Erholungsparadiese meist in Sichtweite zur Zeche, in denen heute das Freizeitleben brummt. Allerdings gibt es mancherorts Nachwuchsprobleme: Die kleine Welt voller Regeln und Paragrafen, in der von den Ruhezeiten bis zur Heckenhöhe nahezu alles geregelt ist, scheint nicht mehr jedermanns Sache. Spötter halten den immergrünen Ausnahmezustand sowieso für ein Spießerparadies.

S

SCHREBER-GARTEN

»Die Kohle ist schwarz!« ruft der knorrige, braungebrannte Mann dem Besucher im Vorbeigehen zu. Er lacht über beide Ohren und rollt die Schubkarre über den knisternden Kiesweg im Kleingartenverein »Gut-Grün Bergbau e. V. 1913«, ihres Zeichens die älteste Schrebergartenkolonie in Duisburg. Die Kohle ist schwarz, tiefrabenschwarz. Und deshalb ist der ehemalige Bergmann auch jeden Tag dort, wo es genau andersherum ist – in seinem knallig bunten Schrebergarten, als Gartenkumpel sozusagen.

Munteres Vogelzwitschern, leuchtende Blumen, Birnen, Äpfel und Tomaten, hier und da eine exotische Kiwi und roter Wein. Akkurat gepflegte Hecken und Kanten, frisch getünchte Lauben im Schwarzwaldstil, ein paar Gartenzwerge, eine Windmühle und die unverzichtbare Kohlenlore aus vergangenen Zeiten – die Schrebergärten im Revier sind Erholungsparadiese, Seelenoasen und wie geschaffen für den reviertypischen »Urlaub vor der Haustür«, inklusive Hollywoodschaukel und gemauertem Würstchengrill. Die nächste Stufe wäre der Campingplatz oder die Auszeit an der »Kumpelreviera«: am Kanalufer oder am Baggersee mitsamt Klappstuhl, Kühltasche und Picknickdecke.

Vor über hundert Jahren schlug die Kleingartenwelle im Industriegebiet erste Wurzeln. Die Zechenbetreiber verpachteten ihren Arbeitern aus Polen und Masuren parzellenweise Grabeland, um sie bei der Stange zu halten – ein kleines Stückchen Natur als Ausgleich für die schwerindustrielle Arbeit. Die nahmen begeistert an, denn sie verstanden etwas von Landwirtschaft, von Obst- und Gemüseanbau. Jede Bergmannsfamilie bewirtschaftete ein eigenes Fleckchen Erde und hatte als Selbstversorger in kargen Zeiten zumindest Kappeskohl und Kartoffeln auf dem Tisch. Im Stall standen eine Kuh oder Ziege, oft auch ein Verhau für Hasen. Schnell schlossen sich die Gartenkumpel zusammen und gründeten die ersten Schrebergartenvereine.

In Kriegszeiten waren die Kleingärten im Revier gefragte Notunterkünfte – ganze Laubenpiepersiedlungen entstanden, in denen die Menschen monatelang, mangels Alternativen manchmal auch jahrelang wohnten. Schon längst jedoch ist das »dauernde Bewohnen der Laube« laut Kleingartensatzung verboten.

Heute sind die ehemaligen Arbeitergärten reine Erholungsbiotope und sommertägliche Kulisse für Nachmittagskaffee auf Wachstuchdecke und lauschige Grillabende mit Bratwurst und Bier. Wo Kinder sind, wird aus dem Schrebergarten ein Freiluftspielzimmer mit Plastikswimmingpool und verschließbarem Sandkasten. Gemüse-

BILDER FOLGESEITEN

S. 227 Kleingartenanlage in Bochum

S. 228–229 Erich Rühl: Gärten bei Zeche Germania

S. 230–231 Unten Kohle, oben Gemüse: Gärten bei Zeche Germania in Dortmund um 1950

Geliebtes Pantoffelgrün: Schrebergartenkolonie in Duisburg

bauer sind die Schrebergärtner von heute nur noch in den seltensten Fällen.

Friedliche Ruhe herrscht übrigens nicht immer. Zwischen Gartenzaun und Deutschlandfahne dreht man im Revier mit Vorliebe am Rad der großen Politik. Im Sommer 2008 wurde der Bochumer Kleingärtnerverein Carolinenglück e. V. mit einem Schlag republikweit bekannt: Der Vorsitzende des SPD-Ortsvereins Bochum-Hamme, Rudolf Malzahn, hatte der Presse im Vereinsheim der Gartenkolonie das Parteiausschlussverfahren gegen seinen Bochumer Genossen und Ex-Bundeswirtschaftsminister Wolfgang Clement kundgetan.

Wer mit offenen Augen im Revier unterwegs ist, trifft auf Schritt und Tritt eine Kleingartenanlage. Tagsüber sind sie für jeden offen und eignen sich trefflich für einen Spaziergang, bei dem man ganz nebenbei in die Seele der Ruhrgärtner blickt. Die historische Kampfzone der »Causa Clement« erreicht man mit dem Auto in drei Minuten von der A40-Abfahrt Bochum-Hamme. Noch näher an der Autobahn, nämlich direkt an der Lärmschutzwand der A 40 zwischen Bochum-Stahlhausen und Wattenscheid-Höntrop, ist die Heimaterde des Kleingärtnervereins Centrum Morgensonne e. V. verortet. Kontrastreicher als hier kann das Ruhrgebiet kaum sein: Vor der Wand donnert der Transitverkehr Richtung Holland, dahinter döst das kleine, grüne Glück.

ANSEHEN
Ruhrgebiet pur: Der Kleingärtnerverein mit Zugang von der Shell-Tankstelle an der A 40.
Kleingärtnerverein Centrum Morgensonne e. V.
Vietingstraße 30
44866 Bochum-Wattenscheid

MERKEN
Berüchtigte Kampfzone in der »Causa Clement«:
Kleingärtnerverein Carolinenglück e. V.
Overdyker Straße 100
44793 Bochum-Hamme

»Die Verunstaltung und Zerstörung der Natur ist im eigentlichen Kohlegebiet (...) ins Riesenhafte gewachsen. Es ist ein erschütterndes Kapitel, (...) wie die Industrie alle Schönheit und Eigenart der ursprünglichen Natur bis auf den letzten Rest vernichtet. Wenn sie auch an ihre Stelle Neues, was in seiner Art auch schön ist, nämlich das großartige und erhabene Menschenwerk setzt, so ist die Natur etwas, was die Menschen nicht entbehren können, ohne Schaden an Leib und Seele zu nehmen.« *Paul Schneider*

Laubenparadies im Kleingärtnerverein Carolinenglück e.V.

SIEDLUNG
TRAUTES HEIM

Geschwungene Giebel und Laubengänge, gemütliche Erker, Holzfensterläden mit Herzchen und rustikale Natursteinsockel – diese Biedermeierkulisse vom Reißbrett gibt es wirklich mitten im Ruhrgebiet, auch wenn man sie wohl eher im Süden vermuten würde. Die Siedlung Margarethenhöhe in Essen, benannt nach ihrer Stifterin Margarethe Krupp und errichtet nach Plänen des Reformarchitekten Georg Metzendorf, gehörte von Beginn an zu den bedeutendsten Gartenstädten Europas. Schon während ihrer Entstehung ab 1909 galt sie als Musterbeispiel für humanen Wohnungsbau im Industriezeitalter. Seit 1987 unter Denkmalschutz, erfüllt sich für die Bewohner der idealtypischen Anlage bis heute der Traum vom kleinen Glück im trauten Heim: In gesunden und preiswerten, huggeligen und zugleich praktischen Häuschen – übrigens jedes anders als das andere, viele mit kleinen, umzäunten Gärtchen ganz nach dem Motto »klein, aber mein«. Nach dem Vorbild der »Maggihöhe« entstanden ab 1910 viele gartenstädtische Siedlungen im expandierenden Industrierevier. Sie lösten die schlichten Arbeiterkolonien ab und wurden zu einer typischen Wohnform im Ruhrgebiet – und dies nicht nur für Bergleute und Fabrikarbeiter, sondern auch für Beamte und Angestellte.

S

SIEDLUNG

Sie suchten Arbeit, ein Heim, eine neue Heimat: Abertausende, die in der großen Einwanderungswelle in das boomende Industrierevier strömten. Zwischen 1852 und 1925 wuchs die Bevölkerung von 375.000 auf fast 4 Millionen Menschen. Die ersten Zechen- und Stahlunternehmen hatten bereits um 1850 mit dem Bau von Betriebssiedlungen begonnen, um Arbeitskräfte anzuwerben – und zu halten. Denn viele Zuwanderer hielten die harte, gefährliche Arbeit und die Verhältnisse in den oft unwürdigen Unterkünften nicht aus und kehrten dem Industriemoloch an der Ruhr bald wieder den Rücken zu. In dieser Zeit entstanden die ersten für das Ruhrgebiet so typischen »Kolonien« – allesamt abseits der alten Stadtkerne in den bis dahin nur spärlich besiedelten Gebieten, dafür direkt neben der Fabrik oder in Sichtweite zum Fördergerüst.

Zu den ältesten Arbeitersiedlungen im Ruhrgebiet zählt die Siedlung Eisenheim der Oberhausener Gutehoffnungshütte, die ab 1846 nach englischem Vorbild entstand: schlichte, aneinander gereihte Backsteinhäuschen, mit großer Gartenparzelle hinterm Haus und Stall für die Ziege, die so genannte »Bergmannskuh«.

Eine gute Wohnung und ein Stück Land oder ein Garten – dieses Versprechen hatte vielen Schimanskis und Kuzorras aus Polen und den preußischen Ostprovinzen die Entscheidung leichter gemacht, ihre Großfamilien und das ärmliche Dasein als Tagelöhner in der Landwirtschaft zu verlassen, den Beruf als Bauer oder kleiner Handwerker an den Nagel zu hängen und die sieben Sachen zu packen, um im Goldenen Westen ein besseres Leben zu finden. Wer solch einen Arbeitsvertrag samt Anrecht auf eine Wohnung und ein Stück Scholle in der Werkssiedlung in der Tasche hatte, konnte sich glücklich schätzen. Er kam sozusagen auf der Sonnenseite des Industriereviers an.

Für all die anderen sah es übel aus, denn es gab einfach nicht genug Wohnungen. Viele Arbeiter mussten jahrelang in erbärmlichen Massenkasernen unter katastrophalen Wohnverhältnissen hausen. Oft lebten ganze Familien in zwei winzigen Zimmern, in denen gleichzeitig gekocht und gegessen, gewaschen und geschlafen, geboren und gestorben wurde. Jeder nur erdenkliche Schlafplatz war an Wohnungslose und so genannte Kostgänger vermietet, die tags schliefen und nachts auf Schicht waren. Allein in Essen hatte die Einwohnerzahl innerhalb von zwei Generationen auf das 30-fache zugenommen. Wo 1840 noch acht Menschen in den ein- oder zweistöckigen Häusern in der Innenstadt wohnten, drängten sich in den 1860er Jahren bis zu dreimal so viele Mieter auf gleichem Raum.

Folge der Wohnungsnot waren nie zuvor gekannte soziale Probleme in den Arbeitervierteln und eine heute kaum noch vorstellbare Verelendung – eine Misere, die Unzufriedenheit schürte. So jedenfalls konnte es nicht weitergehen.

1856 reagierte Alfred Krupp (1812–1887) als größter Essener Arbeitgeber mit dem Bau des ersten Wohnheims für 200 Arbeiter:

MERKEN
Kleinod: Das Museum Eisenheim informiert über die Geschichte der ältesten Arbeitersiedlung im Ruhrgebiet.
Museum Eisenheim
Berliner Straße 10a
46117 Oberhausen
Öffnungszeiten
Ostersonntag bis 31. Oktober: So und feiertags 10–17 Uhr
Gruppenführungen ganzjährig nach Vereinbarung
Tel.: (01805) 74 34 65
(0,12 €/min.)

Ludwig Windstosser: In der Siedlung, Marl, 1950er Jahre

eine Art Kaserne mit kargen Schlafsälen – und strenger Hausordnung. Um die Expansion seiner Gussstahlfabrik zu sichern, hatte er 1861 ein umfangreiches Wohnungsbauprogramm für die eigene Belegschaft auf den Weg gebracht. In nur drei Monaten entstand 1863 eine Siedlung mit neun Häuserblocks, 144 Wohnungen und jeweils drei oder vier Zimmern, schlicht und preiswert. Wie auch bei anderen Unternehmen üblich, war der Mietvertrag an den Arbeitsvertrag gekoppelt: Wer seine Arbeit verlor, verlor auch die Wohnung und musste ausziehen – oft noch am gleichen Tag. Mit dem werkseigenen Wohnungsbau war für den Unternehmer Krupp wie für die »Kruppianer« der Grundstein für eine neue Ära gelegt, denn von nun an waren beide in einer Lebens- und Schicksalsgemeinschaft miteinander verbunden – quasi eine moderne Version der Großfamilie im Industriezeitalter.

Jenseits des werkseigenen Siedlungsbaus aber herrschten die Gesetze des freien Marktes mit privaten Bauspekulationen und einem völlig ungesteuerten Stadtwachstum ohne jegliche kommunale Planung. Wie im Wilden Westen wucherte rund um die Fabriken

BILDER FOLGESEITEN
S. 238–239 Otto Häublein: Vor der Siedlung, Ruhrgebiet, 1930er Jahre,
S. 240–241 Trautes Heim: Straßenschild in der Siedlung Margarethenhöhe

rautes hei

»Zu jeder Wohnung gehört ein sehr guter und trockener Keller, sodass sich die eingelagerten Früchte, Kartoffeln usw. dort sehr gut halten werden. Ferner gehört dazu ein geräumiger Stall, wo sich jeder sein Schwein, seine Ziege oder seine Hühner halten kann. Endlich gehört zu jeder Wohnung auch ein Garten von 23 bis 24 Quadratruten. So kann jeder sein Gemüse, sein Kumst und seine Kartoffeln, die er für den Sommer braucht, selbst ziehen. Wer noch mehr Land braucht, kann es sich in der Nähe von Bauern billig pachten.«

Aus dem Masurenaufruf aus den 1870er Jahren

und Zechen ein trostloser Häuserbrei aus zahlreichen provisorischen Baracken. »Traurige Gegenden, in denen rohe Ziegelbauten einförmig lange öde Straßenzüge einfassen«, so eine zeitgenössische Beschreibung. Erst um 1900 begann ein Umdenken, als die Stadtväter im Revier mit ersten Bebauungsplänen die Voraussetzung für neue, vorbildliche Wohnsiedlungen schufen.

Der Engländer Ebenezer Howard (1850–1928) hatte 1898 mit seinem Buch »Garden Cities of To-Morrow« die theoretische Grundlage und den Namen für den neuartigen Städtebau in schnell wachsenden Industrieregionen geschaffen. Wohnen in der Gartenstadt – jene Reformidee mit ihren nachhaltigen ökosozialen Zielen war von England, dem Mutterland der Industrialisierung, nun auch im boomenden Ruhrgebiet angekommen.

Ab 1909 entstand die Gartenvorstadt Margarethenhöhe – eine Ausnahmesiedlung in vielerlei Hinsicht. Denn anders als gemeinhin im Ruhrgebiet üblich, hatte nicht die Gründung einer Zeche oder eines Werkes den Bau der Siedlung bestimmt. Von Beginn an war die Siedlung Ausweis der inzwischen beispiellosen Kruppschen Wohlfahrtspflege, in diesem Falle ihrer sozialfürsorglich engagierten Stifterin.

Margarethe Krupp, Witwe des Industriellen Friedrich Alfred Krupp (1854–1902), hatte anlässlich der Hochzeit ihrer ältesten Tochter Bertha 1906 für den Bau einer Wohnsiedlung »für die minderbemittelten Klassen« eine Million Reichsmark mitsamt 50 Hektar Bauland zur Verfügung gestellt. Nach ihrem Wunsch sollten in der Idealstadt nicht nur Kruppianer wohnen, sondern Essener, die sich kein Eigentum leisten konnten. Mit einer eigenen Infrastruktur samt Konsumanstalten, Gaststätte, Kindergarten und Schule war die Margarethenhöhe eine autarke Stadt in der Stadt.

Bereits während ihrer Entstehung machte die Margarethenhöhe Schlagzeilen. Von überall her reisten zeitgenössische Architekten und Städtebauer an, um das »gebaute Experiment mit sozialem Vorbildcharakter« zu besichtigen. Mit ihrer abwechslungsreichen, formal

MERKEN
Führungen durch die Margarethenhöhe:
Bürgerschaft Essen-Margarethenhöhe e.V.
Anmeldung:
Tel.: 0201.71 24 55
oder 71 28 40
essen-margarethenhoehe.de
Besichtigungen der Musterwohnung in der Stensstraße 25:
Infotel. 0201.8845200

Stadtrundfahrt auf den Spuren der Krupps mit Stopp in der Margarethenhöhe:
Infos und Termine:
Touristikzentrale Essen
Am Hauptbahnhof 2
45127 Essen
Tel.: 0201.19433
oder 8872050
Fax: 0201.88-72044
touristikzentrale@essen.de

jedoch genormten Bauweise und dem betont »klassenübergreifenden Mix« der Bewohner unterschied sich die Margarethenhöhe von herkömmlichen Siedlungen. Üblicherweise war man nämlich »unter sich« – als Kruppianer, Hoeschianer, Thyssianer; als leitender Angestellter der Gutehoffnungshütte in der Beamten-Siedlung Grafenbusch in Oberhausen, als Kumpel der Zeche Teutoburgia in der gleichnamigen Herner Bergarbeiter-Siedlung, als alter und kranker Kruppianer in den Siedlungen Altenhof I und II, als Bildungsbürger in den großzügigen Villen des Essener Moltkeviertels.

Gestaltet wie aus einem Guss, ist die Siedlung Margarethenhöhe ein Gesamtkunstwerk. Ihre nach wie vor hohe Wohnqualität und der soziale Zusammenhalt der Bewohner üben seit Jahrzehnten nicht nachlassende Anziehungskraft und Faszination aus. Die Puppenstube »Maggihöhe«, wie sie von den Essenern liebevoll genannt wird, wirkt noch heute wie ein mittelalterliches Städtchen aus einem Märchen der Gebrüder Grimm und ist längst feste Station auf der städtischen Sightseeing-Tour.

MERKEN

Rundgang durch die Zechensiedlung Teutoburgia
Wissenswertes über »Kohle, Kumpels und Kostgänger von Teuto«.
Kontakt:
Stadtmarketing Herne
herne.de
Infos und Buchung
Telefon 02323.9190515
Anmeldung erforderlich!

Ausnahmesiedlung: Die Siedlung Margarethenhöhe in Essen

TEGTMEIER & CO.
VOLKES STIMME

Das Herz des Ruhrpott-Humors schlägt in der wahren Mitte des Reviers, in der ehemaligen Bergbaustadt Wanne-Eickel. Der Stadt, die es eigentlich gar nicht mehr gibt, denn seit 1975 gehört sie zu Herne. Doch noch immer hat Wanne-Eickel magische Wirkung – vor allem auf die Lachmuskeln. In dem Städtchen mit der langen Theater- und Kleinkunsttradition lacht man selbst dann, wenn Journalisten es mal wieder durch den Kakao ziehen. Denn Wanne-Eickel ist stellvertretend für das ganze Ruhrgebiet der Inbegriff des Provinziellen. Eben jene Kleinbürgerlichkeit hat der Komiker Jürgen von Manger mit seiner Kunstfigur Adolf Tegtmeier in den 1960er Jahren kultiviert und von seiner Wahlheimat Herne aus radio- und fernsehtauglich gemacht. Die Tegtmeier-Premiere in reinstem Ruhrpott-Dialekt wurde Silvester 1961 vom NDR gesendet und entpuppte sich als Riesenerfolg. Das Publikum konnte sich nicht satt hören an den skurrilen Geschichten aus dem Leben dieses selbstgenügsamen Typen. Kein Wunder, dass Tegtmeier Kult wurde und jede Menge Kabarett-Kumpel bekam. So wie Uwe Lyko alias Herbert Knebel samt Affentheater. Wenn der amtierende König des Ruhrpott-Humors in launigen Monologen aus seinem Frührentnerleben erzählt, bleibt kein Auge trocken. Boah glaubse …

T

TEGTMEIER & CO.

Jürgen von Mangers Kultfigur Tegtmeier war nicht nur Startschuss für dessen eigene große Karriere, sondern auch für einen beispiellosen Kabarett-Boom à la Ruhrgebiet, in dem sich »Volkes Stimme« satirisch Bahn bricht. Dann wird Tacheles geredet. Ohne jeden Schnörkel, klar und kraftvoll und geradeheraus »watt Sache iss«. So wie Kodderschnauze Elke Heidenreich, die in den 1980ern in der Rolle als Metzgersgattin Else Stratmann über Gott und die Welt wetterte. Von Wanne-Eickel aus, woher sonst.

Viele Nachwuchs-Kabarettisten traten in die Fußstapfen dieser beiden republikweit bekannten Kultfiguren. So viele, dass 1997 Jürgen von Mangers Witwe Ruth die Patenschaft für »Tegtmeiers Erben« übernommen hat: Einen bundesweiten Wettbewerb für Bühnenoriginale, bei dem alle zwei Jahre in den Herner Flottmann-Hallen Kabarettisten und Comedians um die würdige Nachfolge der 1994 verstorbenen Legende wettstreiten. Der Komiker hatte 30 Jahre seines Lebens in Herne verbracht – offensichtlich ein idealer Ort, um dem Volk aufs Maul zu schauen.

Unbestritten: Der Kohlenpott ist die Comedy-Hochburg der Nation. Nirgendwo wird so gern und lustvoll Klamauk gemacht, werden die Kabarettisten so innig geliebt wie hier. Noch immer hochaktuell sind die Kabarett-Stars Herbert Knebel und sein Affentheater. Die Frührentner-Kombo begeistert das Publikum seit über 20 Jahren immer wieder aufs Neue und produziert nicht enden wollende Lachsalven. Der Durchbruch kam 1995 mit der CD »Getz aber in Echt«, die Herbert Knebel beim WDR Hörfunk jeden Donnerstag landesweite Präsenz in der Comedy-Sendung U-Punkt bescherte. Inzwischen haben es auch andere Komödianten auf große Bühnen geschafft: Der aus Recklinghausen gebürtige Entertainer Hape Kerkeling, die Essener Ludger Stratmann alias Doktor Stratmann, Atze Schröder und Hagen Rether, der Mülheimer Helge Schneider, die Bochumer Ex-Tresenleser Frank Goosen, Jochen Malmsheimer und andere.

Und dann ging an einem sehr, sehr traditionsreichen Ort im Jahr 2004 der viel besungene »Mond von Wanne-Eickel« auf. Seitdem hat sich der »Mondpalast«, laut Eigenwerbung das erste Volkstheater des Ruhrgebiets, quasi aus dem Stand als »Großes Haus« für Ruhrgebietskomödien etabliert. Bereits in den 1920er Jahren hatten auf den Brettern des ehemaligen städtischen Saalbaus am Wanner Stadtgarten Theatergrößen wie Zarah Leander, Theo Lingen und Maria Schell gestanden.

Doch damit nicht genug: Ende 2009 eröffnen rund um dieses Epizentrum in Wanne-Eickel gleich drei neue Kleinkunstbühnen ihre Pforten. Unternehmer und Prinzipal Christian Stratmann – kleiner Bruder des Essener Kabarettisten Ludger Stratmann – lud jüngst zur Premiere des neuen »Revuepalast Ruhr« in die denkmalgeschützte Heizzentrale der ehemaligen Zeche Ewald in Herten – und damit zu Glanz und Glamour, Show und Unterhaltung. Und last but not

ANSEHEN

Mondpalast
Das erste Volkstheater des Ruhrgebiets:
Mondpalast
Wilhelminenstraße 26
44649 Herne
Telefon 02325.968196
mondpalast.com

Revuepalast Ruhr
Shows der Extraklasse in ehemaliger Heizzentrale:
Revuepalast Ruhr
Zeche Ewald
Werner-Heisenberg-Straße 2–4
45699 Herten
Telefon 02325.58899
revuepalast-ruhr.de

Mondpalast »Kammerspielchen«
Die andere Seite des Mondes:
Mondpalast »Kammerspielchen«
Gerichtsstraße 1
44649 Herne
Telefon 02325.588999

least hebt sich am 28. Januar 2010 der Vorhang für den Mondpalast »Kammerspielchen«. Nur wenige Meter vom »Mutterhaus« Mondpalast entfernt, will sich der kleine Ableger im ehemaligen Haus des Handwerks als Experimentierbühne, Talentschuppen und auch Talkshow-Bühne einen Namen machen – sozusagen auf der anderen Seite des Mondes. Boah glaubse ...

Setzt voll auf Unterhaltung: Theaterunternehmer Christian Stratmann

BILDER FOLGESEITEN

S. 248–249 Ruhrpott-Humor vom Feinsten: Herbert Knebels Affentheater
S. 250 Kultfigur: Adolf Tegtmeier alias Jürgen von Manger
S. 251 Helge Schneider: begnadeter Comedian und Jazzer

HERBERT KNEBELS AFFE

HEATER ★ *Nix wie weg!* ★

TRINKHALLE
ANNE BUDE

Es gibt sie noch, die gute alte Bude, die Trinkhalle »umme Ecke«. Umschlagplatz für Neuigkeiten, unerschütterlicher Fels in schwierigen Zeiten und Seele der Nachbarschaft: Wo der Pflegedienst den Schlüssel von Omas Wohnung abholt oder der Postbote eine Sendung von Amazon hinterlegt. »Anne Bude« gehen, Zeitung und Zigaretten holen, ein Pläuschken halten – das war und ist Alltagskultur im Ruhrgebiet. Denn die Warenumschlagplätze im Miniaturformat bieten, was kein Supermarkt im Sortiment hat: eine Portion Menschlichkeit beim Sinnieren über Wetter und Fußball, Gott und die Welt. Hier spielt das Leben mal laut, mal leise, mal schnell, mal langsam. Viele Büdchen sind nach dem Zechensterben mit der Zeit gegangen und haben ihr Warenangebot angepasst. Wie die »Trinkhalle für Mensch und Hund« am Duisburger Wedau-Stadion: Hier gehen neuerdings Halsbänder und Dosenfutter für jene Vierbeiner über den Tresen, die mit Herrchen und Frauchen gerade in Sachen Gassi unterwegs sind. Manche halten sich mit einem Paketservice über Wasser, aus anderen ist eine Pommesbude geworden. In vielen ist die Zeit auch einfach stehen geblieben oder das Verkaufsfenster wohl für immer geschlossen.

T

TRINK-HALLE

Sie heißen Schluckerbuden oder Schnapskasinos und gehören zum Ruhrgebiet wie Autobahnauffahrten und Zechensiedlungen – die Trinkhallen. Nirgendwo sonst gab es so viele, gefolgt nur von Berlin und Frankfurt am Main, wo die Bude allerdings »Wasserhäuschen« heißt. Etwa 18.000 Trinkhallen soll es im Ruhrgebiet noch geben, Imbissbuden inbegriffen. Das hat vor zehn Jahren die Zählung des Duisburger Fotografen und Journalisten Wolfgang Schneider ergeben. Inzwischen dürften es weit weniger sein, denn die Büdchenkultur des Reviers ist längst vom Aussterben bedroht. Dabei haben viele Buden Kult-Status, manche stehen sogar unter Denkmalschutz.

In der denkmalgeschützten Zechenkolonie »Siedlung Bergmannsplatz« in Duisburg-Neumühl steht heute der älteste Kiosk des Ruhrgebiets – einer der letzten von etwa 600 Buden, die um 1900 in Betrieb waren. Um 1910 gab es allein in der »Trinkhallenmetropole« Dortmund 144 Selterswasserbuden und auch fünf Milchhäuschen. Zum Warensortiment gehörten Zigaretten, Kautabak, Kaffee und Tee, später kamen Zeitungen und Zeitschriften dazu. Eines dieser »Kleinodien abendländischer Sozialkultur«, wie es im schönsten Amtsdeutsch heißt, hat es sogar ins Heimatmuseum geschafft – nach Wanne-Eickel. Und am Dortmunder Museum am Ostwall gibt es einen Kiosk-Club, der die Kioskkultur erforscht – weltweit.

MERKEN
Designkiosk Ruhr: 30 Designer verkaufen vom 2. Mai bis 1. August 2010 an ausgewählten Kiosken im Revier außergewöhnliche Produkte – vom Mode- bis zum Wohnaccessoire. Eine Kiosk-Route weist den Weg. designkiosk-ruhr.de

Die ersten Reviertrinkhallen entstanden ab 1869, als die neue Gewerbeordnung den konzessionsfreien Ausschank alkoholfreier Getränke erlaubte. Vor den Zechentoren und Fabriken, in Arbeitervierteln oder Bahnhöfen schossen die »Selters- oder Wasserbuden« wie Pilze aus dem Boden. Die architektonisch kunstvollen sechs- oder achteckigen Holzhäuschen erinnerten an Gartenpavillons, wie man sie noch heute in traditionsreichen Kurorten wie etwa in Baden-Baden findet.

Zechenbesitzer und Fabrikanten hatten oft kostenlos Gelände abgegeben, denn gemeinsam mit den Stadtvätern wollte man jede Initiative fördern, um den Alkoholkonsum unter den Arbeitern einzudämmen. Stahlkocher und Bergmänner sollten ihren Durst nach Schichtende mit Mineralwasser an der Trinkhalle löschen, nicht mit Bier und Schnaps in der Kneipe, wo sie erfahrungsgemäß

»versackten«. Um die Konzession hatten sich häufig Kriegsversehrte oder Invaliden aus den Stahl- und Bergwerken beworben, aber auch viele Witwen; für sie war der Betrieb einer Trinkhalle häufig die einzige und letzte Möglichkeit, sich und ihre Familie über Wasser zu halten.

Bude irgendwo im Niemandsland zwischen Gelsenkichen und Essen

BILDER FOLGESEITEN

S. 256–257 Anton Tripp: Kiosk an der Zeche Lothringen in Gerthe, Bochum 1961

S. 258–259 Hier ist die Welt noch in Ordnung: Der Kiosk am Bergmannsplatz in Duisburg-Neumühl

Coca-Cola
ERF
Richtiger
Tabak-
Geschmack
OVERSTOLZ

UNGEN
Coca-Cola
RITTER BIER
OVERSTOLZ
Sinalco

WAZ
www.waz.de
E ZEITUNG DES RUHRGEBIETS
WESTDEUTSCHE ALLGEMEINE
WAZ
Standpauke!
Halten die Börsen jetzt?
NRZ NEUE RUHR ZEITUNG
Auto Bild
DER ULTIMATIVE VERGLEICH
Wer ist der Größte unter den Kleinen?
NEUER VW POLO
NEUER AUDI A1
JETZT IM HANDEL
I ♥ HARIBO
Sport Bild
Ironman Hawaii
Enthüllt!
Fan-Schock bei Bayern
Ohne geht nicht.
Uhr

19

ZAPPENDUSTER

»MUTTI, HOL MICH VON DIE ZECHE, ICH KANN DATT SCHWATTE NICH MEHR SEHN.«

Berge, Hangendes, Hauer, Mutterklotz, Pferdejunge, Schlägel und Eisen, Schuß, Stempel, Streb, Strecke, Strossenbolze – wer hier nur Bahnhof versteht, war noch nie »auf Zeche« und schon gar nicht »unter Tage«. Denn in einem Bergwerk wird Fach-Chinesisch gesprochen – genauer gesagt bergmännisch. Fremd und abweisend ist die Welt unter Tage: dunkel, heiß, dreckig, staubig und feucht. Von den Wänden tropft Bergwasser, das sich in Pfützen sammelt und den Kohlestaub in einen zähen, schwarzen Matsch verwandelt. Jeder Schritt wird schwerer. Und je tiefer man in die Erde einfährt, desto heißer wird es auch. Heute sorgen Kältemaschinen dafür, dass die Arbeit unter Tage erträglicher ist; ohne sie herrschten in einem Stollen in über 1.000 Metern Tiefe Temperaturen bis zu 60 Grad. So oder so: Die stickige Hitze treibt jedem sofort den Schweiß auf die Stirn – ob Besucher oder Bergmann. Und das, obwohl unter Tage meist ein zugiger Wind weht – das »Wetter«, wie die Luft hier unten heißt. Rund um die Uhr wird Frischluft in die Grube hinein geblasen, die verbrauchte strömt durch den »Wetterschacht« wieder hinaus. Da, wo kein Sterblicher sonst hinkommt, gibt es nämlich keine Luft, kein Licht und keine Farben.

Z

ZAPPEN-DUSTER

ANSEHEN
Anschauungsbergwerk Deutsches Bergbau-Museum
Am Bergbaumuseum 28
44791 Bochum
bergbaumuseum.de
Öffnungszeiten: Di–Fr 8.30–17, Sa, So und feiertags 10–17 Uhr

Vor Ort, direkt vor Kohle, dort, wo die schwarzen Diamanten aus der Wand gehauen werden, da ist die Luft ziemlich dünn und staubig dazu. Wenn heute der Hobel an der Kohle entlang sägt und der fette Staub alles kohlrabenschwarz nebelt, dann tragen die Bergleute Atemschutz und eine riesige Brille dazu. Das war nicht immer so. Vor dem Zeitalter der automatisierten Kohleförderung haben die Kumpel die Stäube schutzlos eingeatmet – zehn Stunden täglich, sechs Tage die Woche, durchschnittlich 6.000 Gramm während eines Arbeitslebens unter Tage.

Als Mitte der 1950er Jahre 92.000 Ruhrbergleute untersucht wurden, hatte fast die Hälfte eine Quarzlunge: Silikose, Staublunge, die Berufskrankheit der Bergleute.

Eine körperliche und psychische Strapaze ist die Arbeit unter Tage noch heute. Schon der kilometerlange Fußmarsch zum aktuellen Einsatzplatz »vor Ort«, wie die Bergleute die aktuelle Abbaustelle nennen, macht müde. Manche brauchen eine geschlagene Stunde,

Hallensleben, Ruth: Arbeitspause, Gelsenkirchen 1953

BILDER FOLGESEITEN
S. 263 Josef Stoffels: »Fahrstuhl im Blindschacht«, Zeche Carl Funke, Essen (585 m unter Tage), Essen 1952
S. 264–265 Johann Schmidt: Im Streb – Vortrieb einer Abbaustrecke, Ruhrgebiet um 1950

ANSEHEN
Hinein in den Berg mit Helm und Grubenlampe: Erkundung des Besucherbergwerks »Nachtigallstollen«
Industriemuseum Zeche Nachtigall
Nachtigallstraße 35
58452 Witten
Tel.: 02302.936640
lwl-industriemuseum.de
Führungen: Di–Sa 11, 13, 15 und 17 Uhr
sonntags stündlich 11 bis 17 Uhr

um an Ort und Stelle zu gelangen. Es geht über unebenen Boden, oft muss man den Kopf einziehen, auf Brücken über lärmende Förderbänder steigen, über stählerne Maschinenteile oder Leitungen und Versorgungsrohre mit Luft, Wasser und Strom, durch ein Labyrinth von Strecken und Gängen. Und auch vorbei an vielen toten Ausbaustrecken; die heißen in der Bergmannssprache »Alter Mann« und sind mit einem Andreaskreuz gekennzeichnet. Immerhin gelangt man heute aufrecht zum Stollen, früher ging das oft nur auf allen Vieren.

Eine Grubenfahrt ist eigentlich ein »Muss« für alle, die das Ruhrgebiet wirklich kennen lernen wollen. Und ein Erlebnis dazu, das nachhaltig Eindruck hinterlässt – und tiefe Erschöpfung: Ein zweites Mal will so schnell niemand mehr hinein in den Berg. Allein der Filterselbstretter, der bei einer echten Grubenfahrt zur Bergmannskluft

Johann Schmidt: Unterirdische Gleisanlage in Schachtnähe, Ruhrgebiet 1950er Jahre

dazu gehört wie Arbeitsstiefel, Helm, Grubenlampe und Halstuch, ist ein mehrere Kilo schweres Gerät, mit dem man sich fühlt wie ein Sträfling an der Eisenkette.

Ausgerechnet im Ruhrgebiet aber gibt es für Touristen bis heute keine Gelegenheit, unter Echtzeitbedingungen einzufahren, um so einen Einblick in jene geheimnisumwitterte »Zweite Stadt« zu gewinnen.

Die wenigen aktiven Bergwerke, die wie das Bergwerk Prosper Haniel bei Bottrop noch fördern, sind leider keine Besucherbergwerke. Nicht authentisch, dafür weit weniger Kräfte zehrend sind Anschauungsbergwerke wie im Bergbau-Museum Bochum und im Wittener Industriemuseum Zeche Nachtigall oder das Trainingsbergwerk der RAG unter einer Bergehalde des ehemaligen Bergwerks Recklinghausen.

MERKEN
Heiraten unter Tage: Jawort im Nachtigallstollen
Industriemuseum Zeche Nachtigall
Nachtigallstraße 35
58452 Witten
Tel.: 02302.936640
lwl-industriemuseum.de

MERKEN
»Bergmann für einen Tag«:
Führung durch das Trainingsbergwerk der RAG Deutsche Steinkohle AG
Termine, Infos und Anmeldung:
Trainingsbergwerk Deutsche Steinkohle AG
Wanner Straße 30
45661 Recklinghausen
Tel.: 02361.308223
rag.de

ANHANG

ZECHEN VON A BIS Z

Die Jahreszahlen beziffern in der Regel die Dauer der Förderung. Wurde die Zeche mit einem anderen Bergwerk verbunden, förderte sie bis zur endgültigen Schließung häufig unter dessen oder neuem Namen. Irrtümer vorbehalten.

Zeche Adler // Essen-Kupferdreh ⚒ 1906–1930

Zeche Admiral // Dortmund-Wellinghofen ⚒ 1912–1925

Zeche Adolf von Hansemann // Dortmund-Mengede ⚒ 1896–1967

Zeche Alma // Gelsenkirchen-Ückendorf ⚒ 1872–1877/1931

Zeche Alstaden // Oberhausen-Alstaden ⚒ 1859–1972

Zeche Alte Haase // Sprockhövel ⚒ ab dem 17. Jhd. –1966

Zeche Altendorf // Essen-Burgaltendorf ⚒ 1855–1914

Zeche Alter Hellweg // Unna ⚒ 1916–1961

Zeche Anna // Essen-Altenessen ⚒ 1842–1911

Zeche Arenberg Fortsetzung // Bottrop ⚒ 1910–1930

Zeche Auguste Victoria // Marl ⚒ 1905–heute

Zeche Aurora // Hattingen-Holthausen ⚒ 1939–1965

Zeche Baaker Mulde // Bochum-Linden ⚒ 1868–1904

Schachtanlage Baldur // Dorsten-Hervest ⚒ 1911–1931

Zeche Beeckerwerth // Duisburg-Beek ⚒ 1923–1963

Zeche Bergmannsglück // Gelsenkirchen-Buer ⚒ 1903–1976

Zeche Bonifacius // Essen-Kray ⚒ 1857–1966

Zeche Borussia // Dortmund-Kley ⚒ 1856–1911

Zeche Brassert // Marl ⚒ 1907–1972

Zeche Bruchstraße // Bochum-Langendreer ⚒ 1872–1962

Zeche Carl // Essen-Altenessen ⚒ 1855–1929

Zeche Carl Friedrich Erbstollen // Bochum-Weitmar ⚒ 1825–1932

Zeche Carl Funke // Essen-Heisingen ⚒ 1899–1967

Zeche Carlsglück // Dortmund-Dorstfeld ⚒ 1855–1861

Zeche Caroline // Bochum-Harpen ⚒ 1854–1951

Zeche Carolinenglück // Bochum-Hordel ⚒ 1847–1964

Zeche Carolus Magnus // Essen-Bergeborbeck ⚒ 1846–1954

Zeche Centrum // Bochum-Wattenscheid ⚒ 1859–1963

Zeche Christian Levin // Essen-Dellwig ⚒ 1863–1960

Zeche Ver. Charlotte // Essen-Burgaltendorf ⚒ 1791–1935

Zeche Concordia // Oberhausen ⚒ 1853–1968

Bergwerk Consolidation // Gelsenkirchen-Schalke ⚒ 1871–1987

Zeche Ver. Constantin der Große // Bochum-Grumme ⚒ 1857–1967

Zeche Constanze // Bochum-Langendreer ⚒ 1919–1928

Zeche Dahlbusch // Gelsenkirchen-Rotthausen ⚒ 1860–1966

Zeche Dahlhauser Tiefbau // Bochum-Dahlhausen ⚒ 1858–1966

Zeche Dannenbaum // Bochum-Laer ⚒ um 1850–1958

Zeche Deutscher Kaiser // Duisburg-Hamborn ⚒ 1909–1919

Zeche Deutschland // Sprockhövel ⚒ 1902–1925

Zeche Diergardt // Duisburg-Rheinhausen ⚒ 1912–1968

Zeche Dorstfeld // Dortmund-Dorstfeld ⚒ 1850–1964

Zeche Eiberg // Essen-Freisenbruch ⚒ 1857–1914

Zeche Eintracht-Tiefbau // Essen-Steele ⚒ 1856–1937

Zeche Elisabethenglück // Witten-Herbede ⚒ 1874–1962

Zeche Emil-Emscher // Essen-Altenessen ⚒ 1877–1973

Zeche Emscher-Lippe // Datteln ⚒ 1906–1972

Zeche Engelsburg // Bochum-Wattenscheid ⚒ 1835–1961

Grube Erin // Castrop-Rauxel ⚒ 1870–1983

Zeche Ewald // Herten ⚒ 1892–1990

Zeche Ewald Fortsetzung // Oer-Erckenschwick ⚒ 1902–1978

Zeche Felicitas // Dortmund ⚒ 1758–1908

Zeche Flora // Bochum-Weitmar ⚒ 1832–1967

Zeche Franz Haniel // Bottrop ⚒ 1952–1965

Zeche Ver. Franziska Tiefbau // Witten ⚒ ab 1839–1925

Zeche Freie Vogel und Unverhofft // Dortmund-Schüren ⚒ 1845–1925

Zeche Freiberg // Dortmund-Sölde ⚒ 1852–1912

Zeche Friedlicher Nachbar // Bochum-Linden ⚒ 1860–1961

Zeche Friedrich der Große // Herne ⚒ 1870–1978

Zeche Friedrich Ernestine // Essen-Stoppenberg ⚒ 1872–1963

Zeche Friedrich Heinrich // Kamp-Lintfort ⚒ 1912–2001

Zeche Friedrich Joachim // Essen-Schonnebeck ⚒ 1872–1966

Zeche Friedrich Thyssen 1/6 // Duisburg-Hamborn ⚒ 1875–1959

Zeche Ver. Friedrich Wilhelm // Sprockhövel ⚒ 1814– um 1890

Zeche Fritz Heinrich // Essen-Altenessen ⚒ 1859–1966

Zeche Fröhliche Morgensonne // Bochum-Wattenscheid ⚒ 1874–1963

Zeche Fürst Hardenberg // Dortmund-Lindenhorst ⚒ 1876–1959

Bergwerk Fürst Leopold // Dorsten-Hervest ⚒ 1931–2001

Zeche Generals Erbstollen // Bochum-Weitmar ⚒ 1777–1928

Zeche General Blumenthal // Recklinghausen ⚒ 1879–1992

Zeche Germania // Dortmund-Marten ⚒ 1858–1971

Zeche Ver. Gewalt // Essen-Überruhr ⚒ vor 1770–1886

Zeche Gilles Antonie // Essen-Kupferdreh ⚒ 1831–1888

Zeche Glücksanfang // Dortmund-Löttringhausen ⚒ 1750–1880

Zeche Glückaufsegen // Dortmund-Brünninghausen ⚒ 1838–1926
Zeche Glückauf Tiefbau // Dortmund-Brünninghausen ⚒ 1725–1924
Zeche Glückswinkelburg // Bochum-Brockhausen ⚒ 1889–1904
Bergwerk Gneisenau // Dortmund-Derne ⚒ 1886–1985
Zeche Gottfried Wilhelm // Essen-Rellinghausen ⚒ 1909–1958
Zeche Graf Beust // Essen ⚒ 1842–1929
Zeche Graf Bismarck // Gelsenkirchen ⚒ 1868–1966
Zeche Graf Moltke // Gladbeck ⚒ 1877–1971
Zeche Graf Schwerin // Castrop-Rauxel ⚒ 1875–1967
Bergwerk Haard // Oer-Erckenschwick ⚒ 1978–1999
Zeche Ver. Hagenbeck // Essen-Altendorf ⚒ 1842–1928
Zeche Ver. Hamburg // Witten-Annen ⚒ 1857–1895
Schachtanlage Hannibal // Bochum-Riemke ⚒ 1854–1964
Schachtanlage Hannover // Bochum-Hordel ⚒ 1870–1973
Zeche Hansa // Dortmund-Huckarde ⚒ 1869–1980
Hardenberg. Kohlenbergwerke // Essen-Kupferdreh ⚒ 1839–1866
Bergwerk Haus Aden // Bergkamen ⚒ 1875–1998
Zeche Heinrich // Essen-Überruhr ⚒ 1852–1968
Heinrich Gustav // Bochum-Werne ⚒ 1859–1927
Bergwerk Heinrich Robert // Hamm-Herringen ⚒ 1904–1998
Zeche Heisinger Tiefbau // Essen-Heisingen ⚒ 1871–1886
Zeche Helene // Essen-Altenessen ⚒ 1873–1965
Zeche Ver. Helene-Nachtigall // Witten-Bommern ⚒ 1883–1892
Zeche Ver. Henriette // Dortmund-Eichlinghofen ⚒ 1866–1888
Herbeder Steinkohlenbergwerke // Witten-Herbede ⚒ 1920–1972
Zeche Hercules // Essen ⚒ 1859–1925
Zeche Hermann // Essen-Heidhausen ⚒ 1948–1964
Zeche Hibernia // Gelsenkirchen-Buer ⚒ 1858–1925
Zeche Holland // Bochum-Wattenscheid ⚒ 1855–1974
Zeche Ver. Hörder Kohlenwerk // Dortmund-Brackel ⚒ 1859–1925
Zeche Hoffnung & Secretarius Aak // Essen ⚒ 1861–1897
Zeche Hoffnungsthal // Hattingen-Bredenscheid ⚒ 1889–1925
Zeche Holland // Bochum-Wattenscheid ⚒ 1860–1974
Zeche Holstein // Dortmund-Asseln ⚒ 1877–1928
Bergwerk Hugo // Gelsenkirchen-Buer ⚒ 1877–1992
Zeche Hugo Haniel // Oberhausen-Holten ⚒ 1904–1959
Zeche Humboldt // Mülheim-Heißen // ⚒ 1856–1929
Zeche Jacobi Oberhausen-Osterfeld // ⚒ 1913–1974
Zeche Johann Deimelsberg Essen-Steele // ⚒ 1887–1928
Zeche Johannes Erbstollen Dortmund-Kruckel // ⚒ ab ca. 1800–1882

Zeche Johannessegen Hattingen-Bredenscheid // ⚒ um 1830–1925

Zeche Julia // Herne-Baukau ⚒ 1868–1966

Zeche Julius Philipp // Bochum-Wiemelhausen ⚒ 1878–1927

Zeche Kaiserstuhl // Dortmund ⚒ 1877–1966

Zeche Kaiser Friedrich // Dortmund-Menglinghausen ⚒ 1896–1925

Zeche Kaiserin Augusta // Essen-Fischlaken ⚒ 1873–1891

Zeche Katharina // Essen-Kray ⚒ 1901–1972

Zeche Königsborn // Unna-Königsborn ⚒ 1881–1981

Zeche Königsgrube // Herne-Wanne-Eickel ⚒ 1860–1967

Zeche König Ludwig // Recklinghausen-Suderwich ⚒ 1885–1965

Zeche Königin Elisabeth // Essen-Frillendorf ⚒ 1850–1955

Zeche König Wilhelm // Essen-Bergeborbeck ⚒ 1871–1937

Zeche Kronprinz // Essen-Schönebeck ⚒ 1835–1903

Zeche Kunstwerk // Essen-Bergerhausen ⚒ seit 1569–1870

Zeche Kurl // Dortmund-Kurl ⚒ 1861–1931

Zeche Langenbrahm // Essen-Rellinghausen ⚒ um 1800–1966

Bergwerk Lippe // Dorsten ⚒ 1998- vorauss. 2010)

Bergwerk Lohberg // Dinslaken // ⚒ 1910–2005

Zentralschachtanlage Lothringen-Graf Schwerin // Bochum-Grumme ⚒ 1872–1967

Zeche Louisenglück // Witten-Bommern ⚒ 1823–1885

Zeche Louise Tiefbau // Dortmund-Barop ⚒ um 1860–1910

Zeche Ver. Louise // Essen-Werden ⚒ 1839–1903

Zeche Lucas // Dortmund-Körne ⚒ 1904–1911

Zeche Ludwig // Essen-Bergerhausen ⚒ um 1860–1945

Zeche Mansfeld // Bochum-Langendreer ⚒ 1875–1963

Zeche Ver. Margarethe // Dortmund-Sölde ⚒ 1859–1926

Zeche Ver. Maria Anna und Steinbank // Bochum-Wattenscheid ⚒ 1850–1904

Zeche Massener Tiefbau // Unna-Massen ⚒ 1859–1925

Zeche Mathias Stinnes // Essen-Karnap ⚒ 1872–1972

Bergwerk Minister Achenbach // Lünen-Brambauer ⚒ 1900–1992

Bergwerk Minister Stein // Dortmund-Eving ⚒ 1875–1987

Bergwerk Monopol // Bergkamen ⚒ 1874–1993

Zeche Mont Cenis // Herne-Sodingen ⚒ 1875–1973

Zeche Möller // Gladbeck-West ⚒ 1901–1967

Zeche Mülheimerglück // Essen-Burgaltendorf ⚒ 1800–1927

Zeche Muttental // Witten-Herbede ⚒ 1934–1950

Zeche Ver. Nachtigall Tiefbau // Witten-Bommern ⚒ seit 1645–1928)

Zeche Neu Cöln // Essen-Bergeborbeck ⚒ 1852–1931

Zeche Neu Duisburg // Duisburg-Neudorf ⚒ 1859–1876

Zeche Neu Essen // Essen-Altenessen ⚒ 1859–1938

Zeche Neuglück // Essen-Burgaltendorf ⚒ 1787–1925
Zeche Neu Iserlohn // Bochum-Werne ⚒ 1859–1955
Zeche Neumühl // Duisburg-Neumühl ⚒ 1897–1962
Zeche Neuwülfingsburg // Wetter ⚒ 1940–1967
Bergwerk Niederberg // Neukirchen-Vluyn ⚒ 1917–2001
Bergwerk Nordstern // Gelsenkirchen-Horst ⚒ 1868–1988
Zeche Ver. Norm // Dortmund-Wickede ⚒ um 1850–1897
Zeche Oberhausen // Oberhausen ⚒ 1857–1931
Bergwerk Osterfeld // Oberhausen-Sterkrade ⚒ 1879–1989
Pattbergschächte // Duisburg-Homberg/Moers-Repelen ⚒ 1927–1993
Zeche Pauline // Essen-Werden ⚒ 1880–1916
Zeche Plaetzgesbank // Essen-Heisingen ⚒ um 1795–1959
Zeche Planetenfeld // Dortmund-Dorstfeld ⚒ 1873–1885
Zeche Pluto // Herne-Wanne-Eickel ⚒ 1860–1976
Zeche Pörtingssiepen // Essen-Heidhausen ⚒ um 1587–1967
Zeche Ver. Präsident // Bochum-Hamme ⚒ 1841–1944
Zeche Preussen // Lünen ⚒ 1895–1931
Zeche Prinz Friedrich // Essen-Kupferdreh ⚒ 1871–1931
Zeche Prinz Regent // Bochum-Weitmar ⚒ 1870–1960
Zeche Prinz von Preussen // Bochum-Werne ⚒ 1861–1921
Zeche Prinz Wilhelm // Essen-Kupferdreh ⚒ um 1855–1925
Zeche Prosper // Bottrop ⚒ 1863–1986
Bergwerk Prosper-Haniel // Bottop ⚒ 1974–vorauss. 2018
Zeche Rabe // Hattingen-Bredenscheid ⚒ 1737–1902
Bergwerk Radbod // Hamm-Bochum ⚒ 1906–1990
Zeche Recklinghausen // Recklinghausen ⚒ 1866–1974
Zeche Rheinbaben // Bottrop-Eigen ⚒ 1901–1967
Zeche Ver. Rheinelbe // Gelsenkirchen-Ückendorf ⚒ 1848–1927
Zeche Rheinpreussen // Duisburg-Homberg ⚒ 1875–1990
Zeche Richradt // Essen-Fischlaken ⚒ um 1578–1910
Zeche Ringeltaube // Witten-Annen ⚒ 1819–1972
Zeche Robert Müser // Bochum-Werne ⚒ 1929–1968
Zeche Rönsbergshof // Duisburg-Beek ⚒ 1915–1930
Zeche Roland // Mülheim-Dümpten ⚒ 1855–1928
Zeche Rosenblumendelle // Mülheim-Heißen ⚒ um 1860–1952
Bergwerk Rossenray // Kamp-Lintfort ⚒ 1962–1970
Zeche Rudolph // Bochum ⚒ 1871–1915
Zeche Ruhr und Rhein // Duisburg-Ruhrort ⚒ 1866–1890
Bergwerk Sachsen // Hamm-Heessen ⚒ 1914–1976
Zeche Sälzer Amalie // Essen-Altendorf ⚒ 1843–1968

Zeche Ver. Sälzer und Neuack // Essen-Altendorf ⚒ 1806–1960

Zeche Scharnhorst // Dortmund-Scharnhorst ⚒ 1901–1931

Bergwerk Schlägel & Eisen // Herten-Langenbochum ⚒ 1876–1989

Zeche Schleswig // Dortmund-Brackel ⚒ 1859–1925

Zeche Schnabel ins Osten // Essen-Rellinghausen ⚒ um 1800–1910

Zeche Scholven // Gelsenkirchen-Buer ⚒ 1911–1963

Zeche Ver. Schürbank // Dortmund-Aplerbeck ⚒ 1844–1925

Zeche Siebenplaneten // Bochum-Langendreer ⚒ 1875–1944

Zeche Ver. Sellerbeck // Mülheim-Dümpten ⚒ 1819–1905

Zeche Shamrock // Herne-Wanne-Eickel ⚒ 1860–1967

Zeche Steingatt // Essen-Burgaltendorf ⚒ um 1702–1903

Zeche Sterkrade // Oberhausen-Sterkrade ⚒ 1903–1933

Zeche Ver. Stock und Scherenberg // Sprockhövel ⚒ ab 16. Jhd. –1899

Zeche Teutoburgia // Herne-Börnig ⚒ 1911–1925

Zeche Theodor // Essen-Burgaltendorf ⚒ 1935–1968

Zeche Tremonia // Dortmund ⚒ 1861–1996

Zeche Unser Fritz // Herne-Wanne-Eickel ⚒ 1873–1928

Zeche Victoria // Essen-Steele ⚒ 1858–1925

Zeche Victoria Mathias // Essen ⚒ 1845–1965

Zeche Vollmond // Bochum-Langendreer ⚒ 1808–1926

Zeche Vondern // Oberhausen ⚒ 1902–1932

Bergwerk Walsum // Duisburg-Walsum ⚒ 1939–2008

Zeche Waltrop // Waltrop ⚒ 1905–1979

Zeche Wehofen // Duisburg-Wehofen ⚒ 1903–1928

Zeche Welheim // Bottrop-Boy ⚒ 1914–1931

Zeche Werne // Werne ⚒ 1902–1975

Zeche Westende // Duisburg-Laar ⚒ 1875–1968

Bergwerk Westerholt // Gelsenkirchen-Buer ⚒ 1910–1998

Zeche Ver. Westfalia // Dortmund ⚒ 1864–1894

Zeche Westhausen // Dortmund-Bodelschwingh ⚒ 1873–1955

Zeche Wilhelm Emil // Essen-Frillendorf ⚒ 1912–1956

Zeche Wilhelmine Victoria // Gelsenkirchen-Heßler ⚒ 1863–1960

Zeche Ver. Wiesche // Mülheim-Heißen ⚒ vor 1700–1952

Zeche Wohlgemuth // Essen-Kupferdreh ⚒ um 1800–1837

Zeche Wohlverwahrt // Essen-Steele ⚒ 1810–1962

Zeche Wolfsbank // Essen-Bergeborbeck ⚒ 1844–1966

Zeche Zollern 2/4 // Dortmund-Bövinghausen ⚒ 1903–1955

Zeche Zollverein // Essen-Katernberg ⚒ 1851–1986

Zeche Zweckel // Gladbeck-Zweckel ⚒ 1912–1951

CHRONIK 1300

um 1000

Bereits um die Jahrtausendwende graben Bauern und Kötter im Ruhrtal bei Witten nach Kohlen.

1369

Kaiser Karl der IV. verleiht der Fürstäbtissin des Essener Damenstiftes das Recht, Kohle abbauen zu lassen – der erste Beleg über bergmännische Tätigkeiten in Essen.

1450

In Essen wird das erste Kohlebergwerk verzeichnet

1758

Die erste Eisenhütte nimmt den Betrieb auf. Die St. Antoni-Hütte in Oberhausen-Osterfeld gilt als die »Wiege der Ruhrindustrie«.

1809

FRANZ DINNENDAHL (1775–1829) baut die erste Förderdampfmaschine im Ruhrgebiet. Sie reguliert das Wasser in den Gruben und ist wichtigste Voraussetzung für die Kohlegewinnung im Tiefbau.

1830

1811

FRIEDRICH KRUPP (1787–1826) gründet die Kruppsche Gussstahlfabrik in Essen, die sein Sohn Alfred Krupp zum größten Industrieunternehmen Europas ausbaut.

1826

Alfred Rethel, Harkort'sche Fabrik auf Burg Wetter, 1834

FRIEDRICH HARKORT (1793–1880) erzeugt in Wetter an der Ruhr als erster deutscher Unternehmer Stahl im Puddelverfahren. Bereits 1820 hatte er eine Krankenkasse für seine Arbeiter gegründet.

1830er Jahre

Auf den Zechen von Franz Haniel und Matthias Stinnes wird die stark Wasser führende Mergeldecke durchstoßen. Diese Pionierleistung ist die Voraussetzung für den Beginn des Tiefbaus, wo die für die Hüttenindustrie so wichtige Fettkohle lagert. Die Erfindung gilt zugleich als Geburtsstunde des Ruhrgebiets, denn von nun an gewinnt die Industrialisierung an Fahrt. Bis 1850 entstehen fast 300 Zechen.

1840

1840

Die erste Dampflokomotive mit dem Namen »Ruhr« wird gebaut. Fortan dienen die Lokomotiven als Massentransportmittel für Kohle in den Schachtanlagen und verdrängten so die alten Pferdebahnen.

1843

Durch neuartige Braumethoden und Verwendung anderer Hefe wird in Dortmund das erste helle Bier gebraut.

1846

Baubeginn der Siedlung Eisenheim, der ältesten Arbeitersiedlung im Ruhrgebiet.

1847

Mit dem Bau der Köln-Mindener Eisenbahn wird das Kohlenrevier mit den bedeutendsten westlichen Handelsmetropolen verbunden. Die Stadt Essen erhält ihren ersten Bahnanschluss im nördlichen Bergbauvorort Altenessen nahe der Zeche Zollverein. Bis 1900 entsteht im Ruhrgebiet das dichteste Schienennetz der Welt.

um 1850

Die Stahlindustrie im Revier erlebt durch technische Neuerungen und den Ausbau der Infrastruktur einen steilen Aufschwung. 1848 gelingt erstmals auf reiner Koksbasis die Erzverhüttung. Früher hatte man Holzkohle benötigt.

1860

1850

JACOB MAYER
(1813–1875), Gründer des Stahlunternehmens »Bochumer Verein«, erfindet den Stahlformguss.

Historische Ansicht der Gussstahlfabrik »Mayer und Kühne«, 1845

1851

Die Firma Krupp präsentiert auf der Weltausstellung in London den bis dahin größten gegossenen Stahlblock von 40 Zentnern Gewicht – eine technische Meisterleistung in der Stahlbereitung, die Krupp in den folgenden Weltausstellungen immer wieder selbst übertrifft.

1852

Alfred Krupp erfindet den nahtlosen Radkranz für Eisenbahnräder. Mit der bahnbrechenden Konstruktion gelingt der Firma der wirtschaftliche Durchbruch: Die Firma entwickelt sich zum größten Industrieunternehmen Europas mit weltweitem Ansehen.

1862

Die Firma Krupp baut in Essen das erste Bessemer-Stahlwerk auf dem europäischen Kontinent und schafft somit die Voraussetzung für die Massenproduktion von Stahlerzeugnissen.

1864

Etwa ein Viertel der Einwohner Essens arbeiten in der Krupp'schen Gussstahlfabrik.

1870

1870

AUGUST THYSSEN (1842–1926) gründet in Mülheim an der Ruhr das Walzwerk Thyssen & Co., Keimzelle für einen der größten Montankonzerne Europas.

1871

Die Villa Hügel entsteht nach Entwürfen von Alfred Krupp über der Ruhr in Essen. Das repräsentative Wohnhaus mit rund 220 Zimmern wird zum Symbol des wirtschaftlichen Erfolges der Unternehmerfamilie.

24. Sept. 1885

Beim ersten großen Grubenunglück in Gelsenkirchen sterben 50 Bergleute.

25. April 1889

Kameraden!

Freitag, 24. d. Mts., Nachmittags 3 Uhr

Versammlung

Bochum im großen Saale des Schützenhofes

Der größte Bergarbeiterstreik des Jahrhunderts beginnt in Bochum. Gefordert werden u. a. mehr Lohn und die Achtstundenschicht.

1890

1892

Das Essener Stadttheater wird eingeweiht, ein Geschenk des Industriellen Friedrich Grillo.

Das Essen Stadttheater, um 1910

1893

Das Rheinisch-Westfälische Kohlen-Syndikat, die Organisation zum Verkauf der Kohle des Ruhrbergbaus, wird mit Sitz in Essen gegründet.

1897

Die Roheisenproduktion steigt sprunghaft an: Wurden im Jahr 1880 noch 1.406.000 Tonnen produziert, waren es 1897 bereits 3.366.000 Tonnen.

25. April 1898

In Essen wird das Rheinisch-Westfälische Elektrizitätswerk AG (RWE) gegründet, heute zweitgrößter Energieversorgungskonzern Deutschlands.

Eine Aktie des Rheinisch-Westfälischen Elektrizitätswerks AG, 1910

1899

1899

Der Dortmund-Ems-Kanal und der Dortmunder Hafen werden im Beisein Kaiser Wilhelm II. und etwa 140.000 Besuchern eingeweiht.

1904

Otto Heinrich Flottmann, mit seiner Maschinen- und Dampfkessel-Armaturenfabrik in Herne wichtiger Bergbauzulieferer, erfindet die »Kugelsteuerung für Gesteinsbohrmaschinen«. Das Gerät wird ein Verkaufsschlager und weltweit etwa eine Million Mal verkauft.

1905

Mit dem Aufstieg von Kohle und Stahl steigen die Bevölkerungszahlen in den alten, kleinen Hellwegstädten explosionsartig an. In der Stadt Bochum, seit 1905 offiziell Großstadt, arbeiten fast 23.000 Menschen im Bergbau, ein Fünftel aller Einwohner.

1906

Die Dortmunder Gartenbaugesellschaft wird gegründet. Die Schrebergartenanlage an der Kohlgartenstraße im Dortmunder Süden gehört zu den ersten im Ruhrgebiet. Im gesamten Ruhrgebiet entstehen die ersten Schrebergartenanlagen zur besseren Nahrungsmittelversorgung vor allem armer und kinderreicher Familien.

1912

Kaiser Wilhelm II. nimmt an der 100-Jahr-Feier der Firma Krupp in Essen teil.

1937

1913

Im Bergbau-Vorort Essen-Schonnebeck nahe der Zeche Zollverein wird jenes Lebensmittelgeschäft gegründet, das später zur Keimzelle der Aldi-Kette wird.

1914

Auf dem Rhein-Herne-Kanal fährt das erste Schiff. Die Fertigstellung der Wasserstraße dauerte rund neun Jahre.

1937

Hitler nutzt Mussolinis Staatsbesuch in Deutschland zur Demonstration der Rüstungsstärke des Ruhrgebiets. Zusammen besuchen sie am 27. September 1937 die Essener Krupp-Werke.

1945

1945

Nach dem Ende des Zweiten Weltkrieges demontieren die Alliierten im Ruhrgebiet Industrieanlagen als Teil der Reparationsleistungen. Der Kohlebergbau wird von der Militärregierung beschlagnahmt.

Demontage des Krupp'schen Panzerplattenwalzwerks 1, Essen 1948

1946

Der Ruhrbergbau wirbt um neue Arbeitskräfte: Bis 1958 geben eine halbe Million Männer ihren erlernten Beruf für die Arbeit im Bergbau auf.

3. April 1947

Der Höhepunkt des Hunger- und Generalstreiks im Revier ist erreicht. 300.000 Bergarbeiter streiken für eine bessere Versorgung mit Lebensmitteln.

19. Nov. 1947

Die Kohleverwaltung wird wieder in deutsche Hände gegeben. Die Neuregelung wird durch den britischen Zivilgouverneur Asbury in der Villa Hügel in Essen bekanntgegeben.

1962

28. Dez. 1948

Die Westalliierten beschließen die Gründung einer Internationalen Ruhrbehörde zur Kontrolle der Kohleförderung und Stahlproduktion Deutschlands.

1953

Die Villa Hügel in Essen wird der Öffentlichkeit zugänglich gemacht. In dem ehemaligen Wohnhaus und Repräsentationsgebäude der Industriellen-Familie Krupp finden seitdem regelmäßig große Kunstausstellungen von internationalem Rang statt.

1. Mai 1959

Im Bergbau tritt die 5-Tage-Woche in Kraft.

1962

Die Stadt Essen erreicht mit 731.220 Einwohnern ihren Höchststand.

1962

Strukturwandel: Auf dem ehemaligen Betriebsgelände der Zeche Dannenbaum I in Bochum-Laer produziert die Adam Opel GmbH im neuen Werk den Opel Kadett.

1963

31. Dez. 1963

Mit der Stilllegung der Schachtanlage Dorstfeld in Dortmund erreicht die seit Ende der 1950er Jahre anhaltende Bergbaukrise ihren Höhepunkt. Seit 1958 ist der Anteil der heimischen Steinkohle an der deutschen Energieversorgung zugunsten des Erdöls von 70 auf 56 Prozent gesunken.

30. Juni 1965

Mit der Ruhr-Universität Bochum nimmt die erste wissenschaftliche Hochschule des Ruhrgebiets ihren Lehrbetrieb auf. Mit über 5.000 Beschäftigten ist sie nach Krupp und Opel der drittgrößte Arbeitgeber der Stadt.

1. Jan. 1968

Nach dem Tod von Alfried Krupp von Bohlen und Halbach am 30. Juli 1967 nimmt die Alfried Krupp von Bohlen und Halbach-Stiftung ihre Arbeit auf. Der »letzte Krupp« hatte sein Unternehmen testamentarisch auf jene gemeinnützige Stiftung übertragen, die seit dem 1. Januar 1968 von Berthold Beitz geleitet wird.

27. Nov. 1968

Die Ruhrkohle AG wird in Essen als Konsolidierungsunternehmen der deutschen Steinkohleförderung gegründet. Damit schließen sich die Steinkohleförderunternehmen zum größten Bergbauunternehmen der Bundesrepublik zusammen.

1987

1973

Mit der Zeche Hannover-Hannibal wird die letzte von 17 nach dem Krieg in Bochum arbeitenden Großschachtanlagen geschlossen.

16. Nov. 1983

Die Ruhrkohle AG verkündet die Schließung weiterer Zechen. Tausende Bergleute verlieren ihre Arbeit.

23. Dez 1986

Mit der Zeche Zollverein wird das letzte Bergwerk in der Kohle- und Stahlstadt Essen geschlossen.

19. Feb. 1987

Als in den 1980er Jahren die Stahlnachfrage weltweit sinkt, beschließt die Duisburger Thyssen Stahl AG die Stilllegung von zwei Hochöfen und einer Grobblechstraße auf der Henrichshütte in Hattingen. Jeder vierte Arbeitsplatz geht verloren. Die Bevölkerung demonstriert und hält Mahnwachen.

Nov. 1987

Nach 90 Jahren Stahlproduktion in Rheinhausen beschließt die Firma Krupp die Schließung der traditionsreichen Stahlhütte. Die Arbeiter organisieren einen 160 Tage dauernden Streik. Im Februar 1988 bildeten 80.000 Menschen aus Solidarität eine Menschenkette, die von Rheinhausen bis zur Dortmunder Westfalenhütte reicht. Das Ergebnis ist ein Teilerfolg: Es gibt großzügige Sozialpläne und eine Gnadenfrist. Der letzte Hochofen von Rheinhausen erlischt 1993.

Krupp Hüttenwerke Rheinhausen Anfang des 20. Jahrhunderts

1988

24. Feb. 1988

Ruhrgebietskonferenz: Bundesregierung, Landesregierung von NRW, Gewerkschaften, Kommunen und Unternehmer treffen sich zur Beilegung der Ruhrgebietskrise.

1899–1999

Als städtebauliches Erneuerungsprojekt der Landesregierung NRW initiiert die Internationale Bauausstellung (IBA) Emscher Park unter der Leitung von Prof. Karl Ganser die ökonomische und ökologische Revitalisierung der Region unter dem Motto: »Wandel ohne Wachstum«.

2. Jan. 2000

Der ehemalige Stollen der Bochumer Zeche »Maria Anna Steinbank« sackt zusammen und hinterlässt in einer Wohnsiedlung in Wattenscheid-Höntrop einen 30 Meter tiefen Krater. In dem Tagesbruch versinkt die Garage und ein Teil des Gartens eines Einfamilienhauses. Das Unglück gilt als eines der spektakulärsten seiner Art im Ruhrgebiet.

2006

2002

2006

Die Europäische Kommission ernennt Essen und das Ruhrgebiet zur Kulturhauptstadt Europas. Die Stadt hatte sich unter dem Motto »Wandel durch Kultur – Kultur durch Wandel« um den Titel beworben und überzeugte mit dem Konzept des »Sich-neu-erfindens« – ein Konzept, das nach Auffassung der EU-Expertenjury auch für andere Industrieregionen beispielhaft werden könne.

Das 1986 stillgelegte Steinkohlebergwerk Zollverein im Norden der Stadt Essen gehört mit der benachbarten Kokerei seit 2001 zum Weltkulturerbe der UNESCO.

BILDNACHWEIS

Seite	
6/7	Frank Vinken: Rolltreppe in die Kohlenwäsche Zollverein Fotoarchiv Stiftung Ruhr Museum
12/3	ebda.
14/5	Thomas Pflaum / VISUM: Zentrale der Ruhrkohle AG an der A40, 20.4.2006
18 re.	Archiv Kunstschacht Zollverein / Thomas Rother
19	unbekannt
20/1	Fotoarchiv Stiftung Ruhr Museum
22/3	ebda.
25	ebda.
26/7	ebda.
29	ebda.
33	Thomas Raphael
34	Mathias Bigge
36/7	Fotoarchiv Stiftung Ruhr Museum
38	Thomas Raphael
39	Fotoarchiv Stiftung Ruhr Museum
42	ebda.
44/5	ebda.
46/7	ebda.
48 o., u.	ebda.
49	Manfred Vollmer
53	Bildarchiv Stadt Herne
54/5	Wolfgang Quickels
56/7	Bildarchiv Stadt Herne
61	human image
62/3	ebda.
64/5	human image
66	Michael Alisch
71	Der Wahre Jakob, 23.3.1912, in: 100 Jahre Bergarbeiterdichtung, hg. v. Walter Köpping, Oberhausen 1982, S. 238
74	Unbekannt: Fotoarchiv Stiftung Ruhr Museum
75	Emschergenossenschaft
76/7	Fotoarchiv Stiftung Ruhr Museum
80	Emschergenossenschaft
85	E. Gerhardi, Lüdenscheid
86/7	Fotoarchiv Stiftung Ruhr Museum

Seite	
88/9	Museum Folkwang
91	ebda.
95	Fotoarchiv Stiftung Ruhr Museum
96/7	ebda.
100	unbekannt, Stiftung Zollverein
104	Fotoarchiv Stiftung Ruhr Museum
105	Peter Kleu, Fotoarchiv Stiftung Ruhr Museum
106/7	Fotoarchiv Stiftung Ruhr Museum
108	Produnis / wikimedia commons
110	in: Der Ball ist rund, Klartext Verlag 2000
111	ebda.
114	in: Gelsenkirchener Barock, Katalog, Gelsenkirchen 1991, S. 76,
115	Fotoarchiv Stiftung Ruhr Museum
116	Joachim Schumacher
124/5	RAG Deutsche Steinkohle
129	Stadt Moers
130/1	Fotoarchiv Stiftung Ruhr Museum
132/3	Wolfgang Quickels
135	Fotoarchiv Stiftung Ruhr Museum
136/7	Arnold Paul
141	Thomas Mayer
142/3	unbekannt, Archiv Kunstschacht Zollverein / Thomas Rother
144/5	Lichtblick / Deutsches Bergbau-Museum Bochum
150/1	Willy van Heekern, Fotoarchiv Stiftung Ruhr Museum
152/3	unbekannt, Fotoarchiv Stiftung Ruhr Museum
154	unbekannt, Stadtbildstelle Stadt Essen
159	Marga Kingler, Fotoarchiv Stiftung Ruhr Museum
160/1	Fotoarchiv Stiftung Ruhr Museum
165	Paul Leclaire, RuhrTriennale
166/7	Fotoarchiv Stiftung Ruhr Museum
168/9	Michael Kneffel, RuhrTriennale
171	Clärchen und Mathias Baus, RuhrTriennale
174	Thyssenkrupp AG
175	ebda.
176/7	ebda.
178/9	Frank Vinken
185	Bistum Essen

Seite	
186/7	Willy van Heekern, Fotoarchiv Stiftung Ruhr Museum
188/9	Bistum Essen
190/1	M. Rasche, Fotoarchiv Stiftung Ruhr Museum
192	Foto: Bistum Essen
193 o.	Frank Vinken
193 u.	Fotoarchiv Stiftung Ruhr Museum
197	ebda.
198	ebda.
199	ebda.
200/1	ebda.
202/3	Frank Vinken
206	WAZ-Bildarchiv
210	Fotoarchiv Stiftung Ruhr Museum
211	Medienhaus Bauer
212	in: 50 Jahre Ruhrfestspiele Recklinghausen, Hg.: Ruhrfestspiele Recklinghausen, 1996
213	Fotoarchiv Stiftung Ruhr Museum
214/5	Medienhaus Bauer
220/1	Thomas Mayer
222	Stefan Maria Rother
223	Kirsten Weber, Stadt Herne
227	blickwinkel / S. Ziese
228/9	Fotoarchiv Stiftung Ruhr Museum
230/1	Friedhelm Geinowski
237	Fotoarchiv Stiftung Ruhr Museum
238/9	ebda.
247	Bettina Engel-Albusti
248/9	Herbert Knebel
250	Bildarchiv Stadt Herne
251	Helge Schneider
256/7	Fotoarchiv Stiftung Ruhr Museum
258/9	Ralph Lueger
262	Fotoarchiv Stiftung Ruhr Museum
263	ebda.
264/5	ebda.
266/7	ebda.
280 u. re.	Kulturstiftung Ruhr

TEXTQUELLEN

Seite	
24	Bergarbeiter-Zeitung vom 09.10.1909
43	Paul Schneider (Hrsg.): Ruhrland. Ein Heimatbuch für das rheinisch-westfälische Industriegebiet, Leipzig 1925, S. 11.
60	DIE ZEIT, 18.09.2008 Nr. 39
81	100 Jahre Bergarbeiterdichtung, Asso Verlag 1984
105	In seiner legendären Radioreportage von der Fußball-WM 1954
115	Im Schatten der Schlote, Versuche zur Seelenkunde der Industriejugend, 1928
128	Industrial Land Art, hrsg. von Burkhard Leismann und Uwe Rüth, Klartext 2009
148	Aus dem Reich der schwarzen Diamanten, Leipzig 1910
213	50 Jahre Ruhrfestspiele Recklinghausen, Pomp Verlag 1996

1. Auflage März 2010
Gestaltungskonzept:
Oktober Kommunikationsdesign GmbH, Bochum
Realisation:
Frank Münschke dwb, Klartext Medienwerkstatt GmbH, Essen
Druck und Bindung: D+L PRINTPARTNER GmbH, Bocholt

ISBN 978-3-89861-959-2

www.klartext-verlag.de